世界劇場的觀眾

16-18世紀
導覽指引中的羅馬城

王健安——著

獻給郁文

　　討論羅馬城的故事是個巨大挑戰。因為這是個有上千年歷史的知名城市，稍不留心，便會迷失在無盡的資料之海中。數年前，當我決定以羅馬城的發展為碩論主題時，郁文提醒關於羅馬城的導覽手冊，從中我發現了一段有趣也有意義的羅馬城市史。現在這本書，以及先前出版的姊妹作《世界劇場：16-18世紀版畫中的羅馬城》，可說是奠基在她當年給予的啟發上，更感謝她一路上提供的諸多靈感與建議。如果沒有她，這兩本書將不會存在。

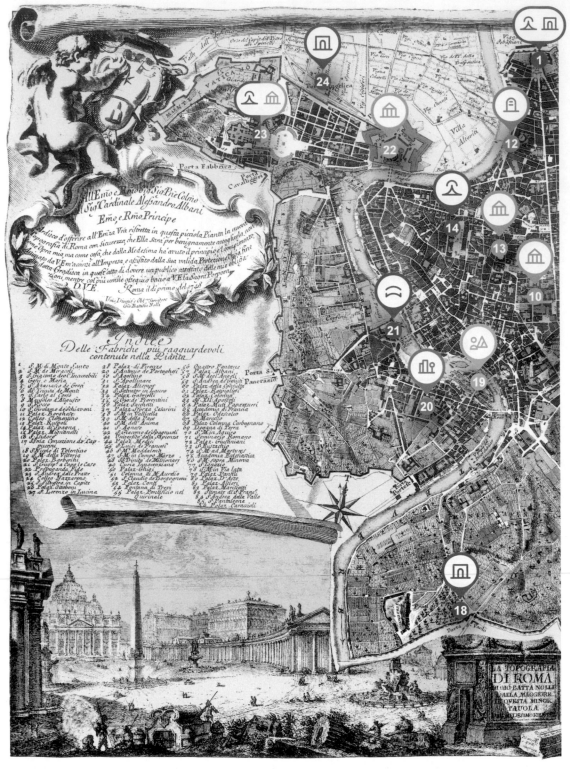

1. 波波洛門 & 波波洛廣場 2. 卡彼托林廣場 3. 拉特蘭大殿 4. 耶路撒冷聖十字聖殿 5. 馬喬雷門 6. 聖母大殿 7. 庇亞門 8. 西班牙廣場
9. 奎里納爾宮 10. 威尼斯宮 11. 聖羅倫佐門 12. 奧古斯都陵墓 13. 萬神殿 14. 納沃那廣場 15. 帕拉提諾山 16. 卡拉卡拉大浴場
17. 聖賽巴斯汀門 18. 聖保羅門 19. 台伯島 20. 特拉斯提弗列 21. 西斯托橋 22. 聖天使堡 23. 聖彼得大教堂 & 聖彼得廣場 24. 安潔利卡門

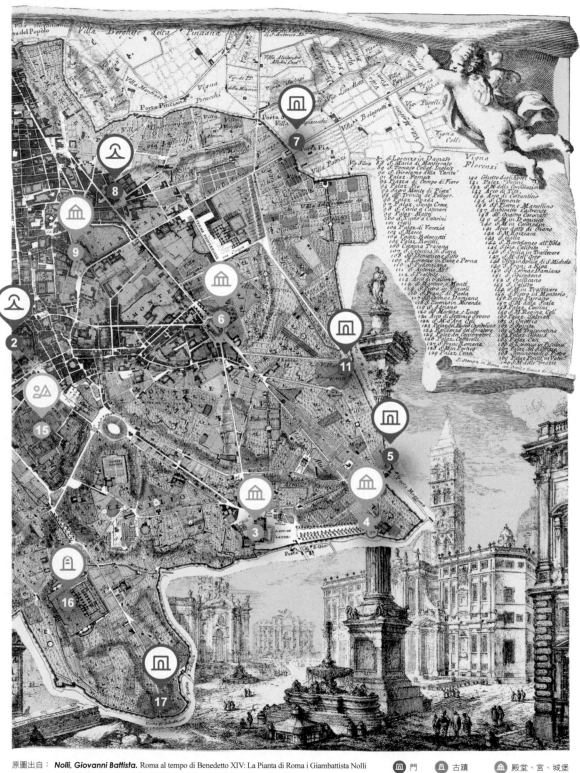

The following text appears on the map legend:

85 S. Lorenzo in Damaso
86 S. Maria di Monferato
87 S. Tomaso Collat. Inglese
88 S. Girolamo della Carità
89 Palaz. Farnese
90 Piazza di Campo di Fiore
91 Palaz. Pio
92 S. Maria Monte di Pietà
93 S. Paolo alla Regola
94 Prigione di Corte Savella
95 Palaz. Sangta Croce
96 S. Carlo a Catenari
97 Palaz. Mattei
98 S. Angelo a Corinari
99 Capo di ferro
100 Palaz. di Venezia
101 Palaz. Bonelli
102 S. Marco
103 Palaz. Bolognetti
104 Palaz. Bolognetti
105 Colonna Traiana
106 S. Caterina di Siena
107 S. Domenico e Sisto
108 Piazza S.ta Agnese e Porta
109 S. Potenziana
110 S. Antonio
111 Arco di Gallieno
112 S. Martino a Monti
113 S.ta Bibiana
114 S.ta Prassede
115 S. Tomaso Damiano
116 S. Domenico Miranda
117 Arco Adriano
118 S. Martina e Luca
119 Arco di Settimio Severo
120 Campidoglio
121 Ara Celi
122 Palazzo Muovo Capitolino
123 Palazzo de Conservatori
124 Palazzo de Conservatori
125 Palaz. Caffarelli
126 Foro Romano
127 Piazza Farnese
128 S.ta Anastasia
129 Palaz. Cenci

原圖出自：***Nolli, Giovanni Battista.*** Roma al tempo di Benedetto XIV: La Pianta di Roma i Giambattista Nolli
dell 1748 riprodotta da una Copia Vaticana. Roma: Bibliotheca Apostolica Vaticana.
取用自： https://digi.ub.uni-heidelberg.de/diglit/piante_roma_bd6/0039/image (CC-BY-SA 4.0)

門　　古蹟　　殿堂、宮、城堡
橋　　人文地景
廣場　　城市街廓

推薦序

udn global轉角國際主編　林齊晧

「要像峙立於不斷拍打的巨浪之前的礁石，它巋然不動，馴服著它周圍海浪的狂暴。」——這是羅馬「哲學家皇帝」奧理略（Marcus Aurelius）寫於其名作《沉思錄》的文字，是對自我修身的提醒，或許也反映了奧理略有賢帝美譽、與眾不同的人格特質。

在奧理略身處的西元2世紀，彼時的羅馬城已是諸多行省嚮往的「世界中心」，要是當時代的人們能有一本觀光導覽手冊，或許所能想像的永恆之城就會是羅馬。假如城市也有人格特質的話，那麼羅馬城的特性，就好比奧理略說的巋然不動之礁石，馴服周圍暴烈的海浪——無論時代如何更迭、那些曾經的明君賢帝灰飛煙滅——千年淬鍊的羅馬城仍峙立世界之中。

本書《世界劇場的觀眾：16-18世紀導覽指引中的羅馬城》可以視為作者王健安前一部作品《世界劇場：16-18世紀版畫中的羅馬城》之姊妹作。在前一部作品中，是以版畫的視覺素材入手，一探歷代教宗與建築師們心中所建構的羅馬城，換句話說，是從「建造舞台者」的視角來看整座城市的進化。

在歐洲大旅遊的時代，這些將心靈意志凝固為現實城市的當權者們，成功地將羅馬城打造為「世界劇場」。然而不管是教宗或是建築師，他們畢竟和大多數生活在城市裡的芸芸眾生不同，在我們透過羅馬城的改造、建構過程裡，看見國家意志與神學政治如何發

揮作用，又或展現了何種國家形象的樣貌時，身處在世界劇場中的「觀眾們」又是如何看待這一切？這正是《世界劇場的觀眾》接續前作，要引領讀者換位思考的要旨。

要能這樣從新的角度觀察羅馬城，需要的是別出心裁的史料運用：16至18世紀的「導覽指引」。本書中除了王健安一貫擅長的版畫圖像之外，觀光導覽小冊、地圖，乃至於時人留存的科學圖像，都是窺探當時人們在羅馬城走跳時，那股悸動與精神世界的絕佳材料。有趣的是，這些「導覽指引」其實並無法完全類比現代人的觀光實用叢書，在過去，這些資料依著執筆者的背景、出版的目的與用途，各有不同的形式與主題。

從這些龐雜的資料裡，我們可以看見當時的旅人們究竟是如何按圖索驥來到羅馬城遊憩，當真正身處在羅馬城時，又是如何描繪眼前所看到的一切。來到了世界劇場，觀眾們的親身體驗，真的會如同建造者們所設想得那樣理所當然嗎？

讀者不妨也將前作與本書交叉映照，跟隨作者王健安時而從高處俯瞰、也有時身在城市之中的歷史書寫，一起和書中的羅馬旅人們，靠著眼見為憑的實證精神走訪羅馬城。也或許有朝一日，在疫情邁入解封之後，今人可以再次按圖索驥，尋訪這座世界劇場。

作者王健安於2016年加入《轉角國際》的專欄作者行列，從當時的文章裡就可以充分感受作者長年浸淫在羅馬城的浩瀚時空中，所培養出的眼光與功力。例如討論串聯古今羅馬的地圖APP，從現代科技與歷史地圖的對應，討論當代歷史文資活化的議題；或是以滿城皆古蹟的義大利為案例，探討當代羅馬和國家政府，如何折衝現代需求與古蹟維護，尋求城市再造的調和之路。這些文章雖然絕大多數都是因應新聞時事的評析與解讀，但都經得起時間的淬鍊，

而值得再三閱讀反思；近年王健安再與戴郁文攜手合作新的專欄
「瓦堡學院」，以圖像學、藝術學方法為主軸的專題書寫，不僅是
在《轉角國際》上獨步的領域，也在現今中文的國際議題寫作者之
中極為罕見。

　　身為《轉角國際》的編輯、亦是作者王健安的多年好友，我從
健安的學思歷程與寫作中總是獲益良多，期待讀者們也能在閱讀本
書《世界劇場的觀眾：16-18世紀導覽指引中的羅馬城》時，為旅
人們的見聞而心領神會、因城市的歷史生命力，而有企及永恆瞬間
的感動。

目次
Contents

Chapter 1

世界劇場的觀眾與指引者

Chapter 2

中世紀羅馬的朝聖之旅

Chapter 3

建築師眼中的嶄新羅馬城

Chapter 4

加入版畫：近代歐洲的導覽指引

Chapter 5

大旅遊時代的羅馬城

前言

　　西元1580年的9月5日，法國作家蒙田（Michel de Montaigne, 1533-1592）從故鄉出發，以義大利為主目標開始了橫跨歐洲的旅途。充滿好奇心的蒙田雖不太健康，卻也總是樂於參訪、嘗試那些新奇的異地事物，甚至還說這趟旅途有三個遺憾：第一，沒有帶上廚師學習各地特色佳餚；第二、沒有帶著合適導遊，只得將行程安排交給那愚笨的導遊；第三，出發前沒有好好讀一些有助於認識名勝古蹟的資料，或至少帶上一本該類書籍。帶著這些遺憾抵達羅馬後，蒙田著手研究這座城市，甚至還聘了導遊，「卻因為古怪的原因離開了」。[1]事已至此，蒙田並未放棄，而是走上了自行研究之路，「在晚上研讀書籍和地圖，隔日則尋訪各地、檢視前日所學。只花了幾天時間，他反倒足以為其他嚮導指點方向了。」[2]在1581年下半，即便有萬千不捨，蒙田仍舊必須啟程返家，終於在11月30日回到故鄉，結束這段超過一年的漫長旅途。

　　從蒙田的個人筆記得以發現，因為深厚歷史韻味及文化多元性，羅馬城是最令他感興趣的地方。尤其是當他提到羅馬當局授予「羅馬公民」一事時，其喜悅之情更是顯露無疑：

---

[1]　Michel de Montaigne, W. G. Waters ed., *The Journal of Montaigne's Travels in Italy by Way of Switzerland and Germany in 1580 and 1581* (London: J. Murray, 1903), p. 95.

[2]　因身體因素，許多內容其實是由蒙田的助手協助記錄，所以有些文句的主詞採用第三人稱。Montaigne, *The Journal of Montaigne's Travels in Italy by Way of Switzerland and Germany in 1580 and 1581*, p. 95.

我盡可能運用與生俱來的天賦為自己爭取「羅馬公民」的資
格，儘管這個頭銜如今只剩下古典榮光與宗教上的象徵意
義。……我在4月5日拿到證明文件。……縱使這只不過是個
虛銜，我依然感到萬分欣喜。[3]

　　這不禁讓人好奇，除了本身的熱情，蒙田究竟還閱讀了哪些資
料，使之數天內便能為人導覽這座他所熱愛的城市？關於這個問
題，因為並未留下明確記錄，我們可能永遠也無法得知。但從時
代背景可合理推論，他應該是參考了不少版畫、導覽小冊，或建
築方面的研究專論。總而言之，可以非常確定的是，無論蒙田是
想自用或推薦他人參閱，絕對不乏各式各樣極具參考價值的導覽
指引。

　　這種情境相當合情合理，因為蒙田絕非史上第一個特地造訪羅
馬城的歐洲旅人，在他之前，早已有數不盡的訪客率先抵達，並將
自己的心得集結成冊以供人參閱。不過這些參考資料，並非現代人
普遍認知的、具有豐富文字資訊與精美圖片，且編輯成輕薄短小、
容易攜帶的導覽手冊。在蒙田所生活的16世紀下半葉，以及隨之而
來的17、18世紀，羅馬城市導覽資料的種類遠比現在多元，這不僅
是因表現形式不同（如圖像與文字之別，或是試圖在這兩者間取得
平衡），使用需求的差異（有些人在意羅馬的現代化演變，有些人
則聚焦在古代風貌），更重要的是，那是個眾人嘗試以各式各樣的
方法、詮釋羅馬城市形象的年代。如果要以現代習慣使用的「導覽

---

[3]　Montaigne, *The Journal of Montaigne's Travels in Italy by Way of Switzerland and Germany in 1580 and 1581*, pp. 164-166.

手冊」加以稱呼，將過於簡化那個時代的成果；相比之下，以「導覽指引」統稱如此多元的出版物，會顯得更加適宜。

出版於16世紀末葉的導覽指引《高貴羅馬城的驚奇光輝事物》（*LE COSE MARAVIGLIOSE DELL´ALMA CITTA´ DI ROMA*），稱呼羅馬是「世界劇場」。這個稱號有兩個解釋層面：首先，羅馬具有極其豐富的歷史古蹟，其次，文藝復興以來的歷任教宗，莫不致力於改造、美化羅馬。綜合以上兩點，羅馬的城市風貌，幾乎涵蓋了當代歐洲最精華的部分，「世界劇場」或許浮誇，但絕不是毫無道理。有趣的是，17世紀的諸位巴洛克教宗，確實以劇場為概念，繼續美化羅馬。他們希望眾人注意到羅馬的輝煌繁榮，藉以彰顯教宗的財富與權勢，以及特定的宗教與政治理念。某種程度上來說，教宗是成功的，自16世紀以來的導覽指引，確實常以教宗的「劇場」為主要介紹內容。然而，時常出現例外。

參訪羅馬的旅人，或者說「世界劇場的觀眾」，不僅對教宗成就感興趣，他們也對羅馬的過往、奇聞軼事，或是古代雕像感到興致滿滿。而且他們可不是只想單方面接受他人歸納的訊息，也會想要親眼造訪勘查，並在比對各種資料後總結自己的心得，除了蒙田，歐洲歷史上數不盡的知識分子、藝術家，甚至一般遊客莫不如此。可以大膽地說，羅馬城市旅遊，間接推動了近代歐洲的實證精神，乃至於文化藝術的轉變。於是乎，內容各異的導覽指引遂在教宗掌控外，不斷出現在市場上，持續滿足充滿好奇心的觀眾。

這並不意味著教宗試圖展現的「劇場」，與旅遊者的心得和導覽指引必然衝突。畢竟如何觀看、認識、進而解讀羅馬，是個不斷轉變、流動的複雜過程，眾多感想從未將羅馬塑造成單一形象；如果想為羅馬城找到統一形象，打從一開始勢必會困難重重。事實

上，即便是不同時代的教宗，關注的城市細節也不盡相同，更何況是因應不同時代精神與需求淬鍊而成的導覽指引。前人的導覽指引之所以值得回顧，不在於駁斥教宗宣揚的事物有虛假之處，而是幫助我們用更多方式認識羅馬，其中所蘊含的，是眾人曾投入其中的心血與情感。

　　總而言之，無論是旅人、藝術家或出版商，四面八方的觀眾確實都曾仔細欣賞教宗精心布置的「世界劇場」，但他們也從未歸結出完全一致的評論。不過在羅馬這座有著複雜故事，且與整個大時代交織在一起的城市身上，可說是再合理不過的情況。閱讀16-18世紀的導覽指引，種種評論不僅未曾令羅馬這座城市的形象模糊不清，反倒是更加生動立體，有些時候，還包括不少特殊有趣的人事物，述說著歐洲歷史上的些許重要片段。

世界劇場的觀眾與指引者

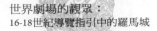

世界劇場的觀眾：
16-18世紀導覽指引中的羅馬城

I.

歌德的大旅遊

　　西元1786年9月，日耳曼著名學者歌德（Johann Wolfgang von Goethe, 1749-1832）也順應當代的大旅遊風潮，準備跨越大半個歐洲，親身體驗各地有趣事物。他自日耳曼東部出發後沒多久，從北義大利一帶的塔蘭托進入義大利，並沿著半島東邊一路往南，10月8日造訪威尼斯，18日經過波隆那，於11月1日抵達羅馬。歌德在羅馬停留近四個月，於1787年2月繼續往南，途經那不勒斯、西西里島等地，甚至還親訪龐貝城遺蹟。歌德結束南義大利的行程後北返，同年6月又回到羅馬，此後一直待到隔年（1788年）3月，才踏上返鄉之旅。總計約2年多的大旅遊之行，歌德在羅馬停留了一年以上，留下大量關於羅馬城的書信自是理所當然。

　　我們可從歌德遺留的書信知道，為了能夠早點進入羅馬，他盡可能縮減前面行程，抵達羅馬郊區後、選擇從北方的波波洛門進城。城內景觀和歷史古蹟馬上吸引了他大半注意力，「我們興奮地到處走動，手上還拿著古今羅馬城的地圖相互參照」。[1]他隨後參

---

[1]　Johann Wolfgang von Goethe, *Goethe's Travels in Italy* (London: George

訪的景點直至今日仍是知名地標，例如：聖彼得大教堂、萬神殿、美景庭、賽斯提烏斯金字塔、帕拉提諾山丘、西斯汀禮拜堂等；參訪行程還包括了收藏其中的珍稀物件如古代雕像、當代藝術品，不只一次提到拉斐爾（Raffaello Sanzio da Urbino, 1483-1520）和米開朗基羅（Michelangelo di Lodovico Buonarroti Simoni, 1475-1564）等人的名字與作品。歌德的書信更不乏一些格外有趣的見聞，在1786年11月22日的一封信中說道：

> 我出發前往（今日的）第一個參訪景點聖彼得廣場。當氣溫日漸攀升時，我們走到巨大方尖碑的陰影下，其範圍足以令兩人並肩而立，吃著在附近買來的葡萄。接著我們進入寬敞明亮的西斯汀禮拜堂，這裡有著欣賞繪畫的絕美光線。《最後的審判》和米開朗基羅在天花板上的另一作品（譯註：指《創世紀》），使我們讚美不已。我只有目瞪口呆地欣賞著⋯⋯在欣賞多時後，便離開了這棟神聖的建築，前往聖彼得大教堂。這座教堂像是從天堂獲得極為動人的光線，每個區塊都顯得清晰明亮。[2]

此後歌德還爬上聖彼得大教堂的穹頂、以遠方的城鎮和山脈為背景，往下俯瞰羅馬城市景觀。另一方面，歌德也參與並記錄當代的生活娛樂。在1787年6月30日那天的書信，記下了難得一見的城市美景：

Bell and Sons, 1885), p. 118.
[2] Goethe, *Goethe's Travels in Italy*, pp. 128-129.

盛大的聖彼得和聖保羅節日終於到來。昨晚我們看到聖彼得大教堂的穹頂燈火通明，以及在聖天使堡發放的煙火。穹頂上的彩燈彷如出自童話故事般夢幻。你絕對難以相信現場景緻，……教堂的巨柱，尤其是穹頂上的柱子，初始僅見微光下的輪廓，隨著燭火發亮，便顯現出其獨特及宏偉外觀。……天空萬里無雲，明月高掛，更增添燈火的光彩……在當時的一系列活動中，煙火也算是漂亮的表演，但仍舊比不上穹頂的彩燈。[3]

　　根據歌德的紀載，在特殊節日的白天，眾人會在城內交通要道費拉米尼亞路舉辦盛大的化妝慶典，拋開階級身分的限制，一同瘋狂玩樂。到了傍晚，同一地點會轉換成賽馬場，人們的情緒也越加騷動，準備搶占視野良好的位置。比賽以波波洛廣場為起點，這裡設有許多木製座椅，還有顯眼展版放送參賽馬匹的訊息。時間一到，賽馬便沿著費拉米尼亞路一路往南奔馳，身旁不斷傳來觀賽者的喧鬧聲，直到位於威尼斯廣場附近的終點。

　　歌德在1788年取得羅馬公民的榮譽身分、準備離開羅馬時，相當不捨地說道：「取得羅馬城公民權後，將離開世界之都、且不可能返回的思緒，讓我難以言喻。」[4]他的想法反應了當代諸多旅人的共同心聲，因交通環境與旅遊成本的限制，告別羅馬在多數時候等同於永久離開，此生再無機會親眼觀看，僅能從版畫、油畫、個人筆記、或是腦中記憶重現當年情景。

---

[3]　Goethe, *Goethe's Travels in Italy*, pp. 366-367.

[4]　Goethe, *Goethe's Travels in Italy*, p. 546.

　　歌德的大旅遊還是有不少煩心之處，至少在抵達羅馬後，便馬上面臨「行程規劃」的問題。對近代歐洲知識分子而言，他們早已從許多資訊認識羅馬城的歷史故事、神話傳奇及奇聞軼事，但真要到此一遊，依舊是截然不同的事情，這並不是光靠熱情就能解決。「人生地不熟，該如何安排行程？」此一現實情況，也不可免地出現在歌德的羅馬之旅中，所幸他早已備妥各式各樣的導覽指引，並「盡可能地讓自己穿越偏僻之處，如此一來，方能完整參訪那些從15世紀至今，各個導覽資料介紹的景點。」[5]而在歌德的眾多參考清單中，還有當代傑出版畫家庇拉內西（Giovanni Battista Piranesi, 1720-1778）的作品。這直接證明導覽指引絕對不侷限於文字，美麗迷人的版畫也是絕佳選項。

　　就羅馬城發展史、大旅遊史、甚至是歐洲文化史、基督宗教史等角度來看，絕對值得深入探究這些關於羅馬城的導覽指引。除了可知曉旅人的實際需求，更能讓我們深入認識「人類是如何理解與定位羅馬」，甚至提供了不容易見於官方資訊的內容。從歌德的遊記便不難發現，各地旅人固然會造訪教宗極力宣傳的現代化建設，但同時，諸如悠久古蹟、宗教慶典、遊行活動，特色美食和地方特產等，亦有著專屬於羅馬、吸引旅人的地方。他們所看到的，不見得只有最完美的那一面（就如同教宗不斷強調的那樣），還有相當樸實、乃至於醜陋的地方，甚至有人多少對這座城市有所幻滅，紛紛點出環境髒亂的汙穢之處。這些都是諸多大旅遊者最真實的體驗，更是眾多導覽指引或多或少必須要涉及的面向。

5　　Goethe, *Goethe's Travels in Italy*, p. 119.

　　與歌德同時代的瓦西（Giuseppe Vasi, 1710-1782），即以其獨樹一格的導覽指引，述說著以上種種。瓦西所創造的導覽指引，有諸多地方可與歌德的真實經驗與需求相契合；這並非巧合，畢竟這兩人身處同樣時空背景，看到的是同一座劇場，以及在此上演的劇碼。或許，當年歌德漫步於羅馬城各處時，手上也拿著瓦西的作品。

2.

為期八天的羅馬城市之旅

西元1763年，正值大旅遊活動蔚為風潮、歐洲各地青年紛紛
前往義大利之際，在羅馬開業的版畫家瓦西出版了《導覽指引》
（*Itinerario Istruttivo Diviso In Otto Stazioni O Giornate Per Ritrovare Con Facilità
Tutte Le Antiche E Moderne Magnificenze di Roma*）一書，意在提供「為了
便於遊歷古今羅馬重要景點的8天行程」。[1]該書先是以羅馬城市發
展史為開端，從古羅馬人的建城神話講起，隨後來到共和、帝國等
各個時期。接下來，便依照他所承諾讀者的，提供一套為期八天的
羅馬城市之旅。

瓦西在第一天帶領讀者從北方郊區開始，先是跨越台伯河上的
莫雷橋、順著道路進城後，再沿著費拉米尼亞路一路往南側的城市
鬧區前進。如瓦西所言，這條路線可觀看城內諸多古代和現代建
築，比如圖拉真圓柱、卡彼托林廣場等。當參訪者來到卡彼托林廣
場附近時，瓦西建議可再繼續往南，參訪拉特蘭大殿和耶路撒冷聖
十字聖殿等兩座重要教堂，以此結束第一天行程。如果攤開地圖稍

---

[1] Giuseppe Vasi, *Itinerario Isturttivo* (Roma: 1763), front cover.

微比對可知，從波波洛門到最後一個景點，幾乎等同於當代羅馬城
內的兩個極點，移動距離著實驚人。瓦西本人也注意到要完成如此
行程並不容易，因而在第二天開頭承認：

> 前一天的行程對徒步者而言有點過長，在某種程度上，我也
> 希望讀者盡可能欣賞更多事物。其如果要仔細觀賞，可能需
> 耗費兩個月的時間。[2]

也因此，第二天的行程稍微改變做法：「為了輕鬆點，我接下
來想帶領你們到城牆外範圍，觀賞附近花園，享受閒暇的鄉野地
區，同時間依然能看看遺留在那附近的古蹟。」[3]

第二天正式開始於羅馬東南側、耶路撒冷聖十字聖殿附近的馬
喬雷門，一路往聖母大殿前進，不時稍微離開這條主幹道以參訪周
圍的教堂、古蹟等特別景點。接著沿著東西向的主幹道庇亞路前
進，再從庇亞門前往城牆外區域，以逆時針方向在外頭繞了一大段
距離後，再度抵達城市北方的波波洛門。第三天瓦西告訴讀者這一
次應沿著波波洛廣場東側的道路一路往南，終點有貝尼尼設計的破
船噴泉，一旁則是著名的城市景點西班牙廣場。再繼續往南，會遇
到特雷威噴泉和奎里納爾宮，以及位於城市鬧區中心的威尼斯宮。
隨後再往東南方向前進，從聖羅倫佐門出城，以牆外聖羅倫佐聖殿
為最終目標，參觀沿路景點後結束第三天行程。

---

[2]   Vasi, *Itinerario Isturttivo*, p. 75.
[3]   Vasi, *Itinerario Isturttivo*, p. 75.

　　第四天，瓦西再次建議從波波洛廣場出發。如果以該廣場正中央的費拉米尼亞路為分界線，此前三天的導覽行程完全集中在城市東半部，但從第四天起，則深入人口眾多、更為熱鬧繁榮的城市西半部。沿著河岸旁的李奧尼納路一路往南，經過奧古斯都陵墓、里佩塔港[4]不久後，遇到特列寧塔路，在此處往南會抵達萬神殿一帶，附近還有納沃那廣場與各大小教堂。

　　第五天，瓦西很有自信地提到當天安排：「我想這天應該能讓讀者更加滿足。接下來我會提供較長的徒步行程，大部分都在郊區地帶，可在那裡發現數不盡的宏偉遺跡。」[5]就如瓦西所言，從納沃那廣場開始後，沿著帕拉提諾山的山腳處移動，這一帶有大賽馬場、卡拉卡拉大浴場，以及古羅馬皇帝宮殿等規模甚為巨大的古蹟。接著再穿越城市南方的聖賽巴斯汀門，前往另一重要朝聖地點城外聖賽巴斯汀聖殿。最後從城市西南端的聖保羅門入城，沿著台伯河左岸、城市西南處一路北上，經由台伯島跨越台伯河後，來到名為特拉斯提弗利的城市西側。

　　第六天行程便以特拉斯提弗利為主。讀者可在此一路往北，遇到筆直的沿岸道路露加拉路後，順著道路北上，直達聖彼得大教堂所在的梵蒂岡地區。第七天，瓦西同樣從特拉斯提弗列區開始，不同的是，這天提早從西斯托橋跨越台伯河，可遇到幾乎與露加拉路平行的朱利亞路，再一路往北參訪各處。換言之，第六、七天的行程集中在以台伯河兩岸為核心的城市鬧區。

4　該港現已消失。
5　Vasi, *Itinerario Isturttivo*, p. 193.

　　第八天，也就是最後一天，瓦西專門介紹尚未被提及的梵蒂岡地區。當天延續昨日的結束地點，以聖天使橋為起點，途經聖天使堡後再往西，抵達核心建築聖彼得大教堂和宗座宮殿。最後，瓦西告訴讀者還可以沿著西側花園到安潔利卡門出城。至此，瓦西所安排的羅馬城市之旅終於告一段落。翻到《導覽指引》的最後幾頁，還有些許附錄簡介特別景點。

　　《導覽指引》有兩個非常值得讚許的特色。首先，該書以前人所未及的全面性介紹羅馬城市景觀。暫且不論某些行程的景點之多、是否真能在一天內參訪完畢，不可否認的是，在過去兩、三個世紀，從未有任何一部導覽指引能有同樣規模。最主要的差別在於，瓦西有意識地帶領讀者造訪牆外區域。即便城牆外的世界與羅馬城密不可分，但此前大多導覽指引僅關注牆內部分，如真有提到郊區情況，也僅是少數幾棟重要教堂。

　　大量使用版畫是《導覽指引》的第二個特色。瓦西會適時地在各景點放上圖片，用以強化文字難以充分描繪的臨場感；當他提到波波洛廣場時，開頭以文字這樣介紹：「如同前述的（波波洛）門和教堂，我們也以同樣名稱稱呼廣場及位於正中央的巨大方尖碑，其頂端放置著代表神聖信仰的十字架。」[6]在簡介廣場的文字上方，放置一張由北往南觀看廣場的圖像：廣場兩側各有一座造型一模一樣的教堂，以此為背景正中央豎立一座高聳方尖碑，仔細觀察其頂端，可看到代表基督宗教信仰的十字架，而這正是諸多旅人從波波洛廣場進入羅馬時，第一眼欣賞到的城市風貌（圖1-1）。

---

[6]　Vasi, *Itinerario Isturttivo*, p. 15.

又或是說，瓦西提及羅馬廣場時，也會插入清楚展現基本樣貌的鳥瞰圖，讓讀者一眼知曉眾多古代遺跡的座落位置（圖1-2）。

　　以上兩點固然造就了《導覽指引》的獨特性，但讓本書更顯價值之處，其實是瓦西巧妙融合其他創作，進而組成了一套更完整、更具實用性的導覽指引。如同他在《導覽指引》一開頭告訴讀者，本書固然可單獨使用，但建議同時參照其他作品：

> 為了讓每個人都能輕鬆方便地使用，我為徒步之旅設計了共分成八天的導覽指引，並且放上了一些有標示字母的版畫，可與那十冊版畫集相對應。如此一來，讀者能同步觀看這些景點的特別之處，以及最值得一提的新發展。[7]

　　瓦西所指涉的「那十冊版畫集」，即為他在此前完成的其他作品。換言之，就瓦西的觀點來看，《導覽指引》從來就不是單獨存在的作品。回顧他的創作生涯，這部看來完整的導覽小冊，也只不過是其他作品的輕便索引，或許足以供多數人使用，卻遠不是最精彩的部分。

---

[7]　Vasi, *Itinerario Isturttivo*, Al Lettore.

圖1-1　波波洛廣場，出自版畫家瓦西（Giuseppe
　　　　Vasi）的《導覽指引》（*Itinerario Isturttivo*）
　　　　一書，模擬讀者甫進入羅馬城時、由北向南
　　　　觀看的城市景觀，帶點俯看的視角。觀看圖
　　　　片之後才是文字說明，可看出瓦西相當重視
　　　　圖像的存在。
　　　　原圖出自：Giuseppe Vasi, *Itinerario Istruttivo Diviso
　　　　*In Otto Stazioni O Giornate Per Ritrovare
　　　　Con Facilità Tutte Le Antiche E Moderne
　　　　Magnificenze di Roma*, (Roma: 1763).

圖1-2　《導覽指引》收錄的羅馬廣場鳥瞰圖，更後
　　　　方是城市南側的郊區地帶。圖中數字對應到
　　　　下方圖說，一一介紹著名古蹟的相對位置。
　　　　這種圖片閱讀方式已相當接近現代習慣。以
　　　　上兩幅版畫不算是特別精緻，但也足以令讀
　　　　者一覽當地概況。
　　　　原圖出自：Vasi, *Itinerario Istruttivo Diviso in Otto
　　　　Stazioni o Giornate per Ritrovare con
　　　　Facilità Tutte Le Antiche E Moderne
　　　　Magnificenze di Roma.*

3.

《古今羅馬城的奇景事物》

早在《導覽指引》出版前的西元1747年，事業小有成就的瓦西，專注於一項規模宏大的出版計畫：為羅馬城內為數眾多的建物及知名景點製作版畫集。他按照教堂、宮殿、廣場等主題分為十大冊版畫集，每冊皆含二十餘幅、附有大量文字說明的版畫，其主標題充分顯示背後的龐大目標：《古今羅馬城的奇景事物》（*Delle Magnificenze di Roma Antica e Moderna*）（以下簡稱《奇景事物》）。從標題、目錄、分類等資訊，不難理解在瓦西心中，要觀看羅馬城的全貌，需要採用比過去都還要複雜許多的方式。如同第一冊主題為〈羅馬的城門與城牆〉（*Le Porte e Mura di Roma*），藉此，瓦西描繪出羅馬城的大致地理輪廓，並特別強調相關資料都是經由實地探勘而來；第二冊的〈羅馬的主要廣場〉（*Le Piazze Principal di Roma*），展現城市中相對世俗性、且構成了近代羅馬城市主要風貌的公共空間；第三冊的〈羅馬的聖堂大殿與古老教堂〉（*Le Basilica e Chiesa Antiche di Roma*），可看到羅馬作為朝聖重鎮所蘊含的宗教底蘊。其他各冊皆以相同邏輯，分別展現羅馬城的不同風貌。至於收錄的文字說明，多半是關於建築背景、歷史發展與基本外觀

等可供旅客參考的客觀資訊，就此而論，文字內容並未超出前人成
就太多；收錄其中的版畫，才是《奇景事物》最精彩的地方。

　　瓦西的版畫風格為相當典型的城市風景畫，換言之，聚焦於主
題物件的同時，亦重現附近的建物、古蹟，以及羅馬城內的芸芸眾
生，即便是此前廣為人知的景點，瓦西也試著用更多樣化的角度與
物件重現。第一冊提到〈法布列卡門〉（Porta Fabrica）時，並未死
板地將門放置在畫面正中央，而是融入郊區風景，最重要的前景讓
位給不起眼的鄉間小路，路上是獵人與他們的獵犬，門與城牆化為
背景，更後方展示聖彼得大教堂和宗座宮殿的側後方（圖1-3）。
第五冊的〈從台伯河的港口看向朱利亞路〉（Fianco della Strada Giulia
dalla Porte Tevere）也是饒富趣味：以西斯托橋為前景，更遠處是華
麗的法爾內賽宮。畫面前景因光線使然，還有兩人一狗的黑色剪
影，使觀看感受明顯活潑許多（圖1-4）。第十冊展示〈宏偉宮殿〉
（Palazzo Augustale detto Maggiore）時，則是融合了漫步在大賽馬場遺
跡內的牛車與一般民眾，頗有鄉村景色的閒適感，與後方龐大古蹟
群形成強烈的對比（圖1-5）。

　　瓦西在《奇景事物》耗費了大量時間，直到1761年才完成最後
一冊，但他並未就此停止創作，如同前面所提，兩年後還出版《導

1-3 | 1-4 | 1-5
圖1-3　由城外觀看法布列卡門。
原圖出自：Giuseppe Vasi, *Delle Magnificenze di Roma Antica
e Moderna, Libro Primo* (Roma: 1747).
圖1-4　從台伯河畔觀看法爾內賽宮（畫面右側的最高建築）
圖1-5　古羅馬皇帝宮殿遺跡，下方空地為大賽馬場遺跡。以
上三幅版畫皆出自瓦西出版的《古今羅馬城的奇景事物》
（*Delle Magnificenze di Roma Antica e Moderna*）。
畫風格為典型的城市風景畫，時常出現普羅大眾的生
活場景，自然而然地與各式建築、古蹟融合在一起。
原圖出自：Vasi, *Delle Magnificenze di Roma Antica e Moderna,
Libro Quarto* (Roma: 1754)

覽指引》一書。要讓《導覽指引》連結《奇景事物》並非難事，當
讀者依前者建議抵達某一景點後，瓦西總會附上與《奇景事物》相
對應的冊數與頁數資訊，讀者能直接順著這些指引回頭翻閱，進而
得到更加豐富有趣的資訊。

　　在出版《導覽指引》後，瓦西繼續擴充他的導覽系統，1765年
出版實景式地圖《羅馬城景》（*Prospetto dell'Alma Cittá di Roma*）（圖
1-6）。其觀看視野模擬從城市西方的賈尼科洛山往東俯瞰，因而
北方位於地圖左側、城市西半部不成比例地放大。《羅馬城景》
的城市景觀極為細緻，甚至能清楚分辨不同建築的窗框之別（圖
1-7）、（圖1-8）。該圖下方，有著提名為〈參訪知名事物的八日
行程之指引〉（*Indice delle cose notabili diviso in otto giornate*）的補充說
明，裡頭編列近四百個地標，除可用來指認圖中物件，亦與《導覽
指引》的建議參訪順序一致，從而讓觀者更容易想像可能觀看到的
城市景象。

　　就如同歌德的旅遊經驗所示，適當導覽指引可說是羅馬之旅的
必備工具。瓦西很清楚知道世人有這項需求，他更清楚知道如何藉
由綜合各種形式及必要資訊，使他的導覽指引別具特色。《導覽指
引》、《奇景事物》和《羅馬城景》這幾部作品的接連出現，證明

世界劇場的觀眾：
16-18世紀導覽指引中的羅馬城

了「認識羅馬」從來不是只有一種方式。初到羅馬之人，可先透過
《羅馬城景》觀察羅馬城市景觀，再利用《導覽指引》知道有趣的
景點和路線，必要時可再翻閱《奇景事物》。當然以上方式並非固
定不變，任何讀者都可依自身需求隨意調整觀看順序。
　　持平而論，以上作品各有其優缺點，如《奇景事物》雖資料詳
實，卻不見得便於攜帶，更容易令人迷失在龐大資料中，因而對於

圖1-6　瓦西繪製的《羅馬城景》（*Prospetto dell'Alma Cittá di Roma*），1765
　　　年。該圖北方在左，極為精緻，如果拉近可觀察單棟建築的外觀細節；下
　　　方欄位的義大利文說明，可協助觀者辨識城市景點。與瓦西的其他早期作
　　　品，共同組成一套完整的羅馬城市導覽系統。另外，瓦西顯然也花費不少
　　　心思描繪城牆外的世界，此前鮮少有人會這麼做，這種做法更令他的導覽
　　　指引與眾不同。
原圖出自：Giuseppe Vasi, *Prospetto di Alma Città di Roma* (1765).

圖1-7 《羅馬城景》細節圖，梵蒂岡地區。
原圖出自：Vasi, *Prospetto di Alma Città di Roma*.

參訪順序無所適從；而《導覽指引》雖因輕便而容易攜帶，但訊息承載量相對有限。瓦西的成就便在於，以不同形式與媒介展現了羅馬城的多元風采，每部作品相互獨立，卻又能彼此交叉運用。我們無從得知瓦西是否打從出版《奇景事物》的第一冊時，便計畫好如此龐大的出版計畫，但可確定的是，他很有技巧性地，或者說，非常有商業頭腦地將所有創作整合成一套此前未見、兼具實用性與藝術性的導覽指引。18世紀下半正是歐洲大旅遊風氣的鼎盛時期，瓦西的導覽指引注定在這個時代占有一席之地。

每個創作性作品總是累積了眾多前人經驗後方能成形，瓦西的成就也不例外。關於羅馬城的導覽

指引，其實是個有著悠久
傳統的特殊創作類型，幾
乎是當人們開始以羅馬為
旅遊目標時，相關成果便
隨之誕生，而且與時俱
進，中世紀晚期成書的
《羅馬奇景》（*Mirabilia
Urbis Romae*）即為其中經
典案例。到了文藝復興時
期，隨著時代觀念、考古
知識、城市規劃及印刷術
的變革，導覽指引的性質
和樣貌亦有劇烈變革，其
中不乏出自大師之手的經
典之作；不變的是，人們
始終需要導覽指引。在這
個追求嶄新導覽指引的過
程中，我們能清楚看到不
斷轉變的羅馬城市形象，
而且種種差異皆具體而微
地反應歐洲文明的演變。

圖1-8　《羅馬城景》細節圖，羅馬城市西半部鬧區。
原圖出自：Vasi, *Prospetto di Alma Città di Roma*.

Chapter
2

中世紀羅馬的朝聖之旅

Caprarola

Magneco

La Storta

Monte Mario

Monte Mario

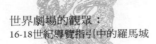

世界劇場的觀眾：
16-18世紀導覽指引中的羅馬城

I.

帝國首都的成長與基督宗教化

　　根據古羅馬人的說法，羅馬城建於西元前753年，直至今日，已是個擁有2500年歷史的大城，但如果能回到過去，實在很難想像羅馬城能有此番成就。羅馬的起源充滿各種神話色彩與英雄事蹟，為城市形象增添不少非凡之處，不過從較嚴謹的研究，還是能大致歸納出較為貼近歷史事實的概況。地形上，羅馬東側布滿山丘，西側則有台伯河與容易氾濫的低窪地區。基於防衛考量，早期的羅馬人偏好易守難攻的山陵地區；衛生需求也是同等重要因素，畢竟如果缺乏先進排水技術，不易積水的山丘地形至少比較容易保持乾淨。因此，羅馬城的擴張不僅要面對外來入侵者，更面臨著如何利用各種公共設施，一步步改善整體環境。隨時間過去，羅馬城市規模忠實反映帝國本身的實力，不斷向外擴張，以往罕見人跡的低窪地帶，也在西元1世紀左右成為人聲鼎沸的鬧區。

　　除了軍事功績與法律制度，讓人嘆為觀止的工程技術，也是古羅馬人最為後世景仰的成就。他們善於接納並改良此前已存在的水泥材料和拱形結構，不斷強化公共設施，使生活條件臻至完善。以水道為例，古典羅馬城至少擁有四條大型水道，人均可分配水量，

直到20世紀以前都難以超越，考量到乾淨用水之於人類文明發展的重要性，這確實是相當了不起的成就。也是在羅馬人身上，我們得以見證公共設施具備莫大政治價值。

古羅馬時代以前，許多統治者早已意識到可用大型建築宣揚聲望，但古羅馬人才是真正意義上，將政治宣傳與公共利益完美結合的典範。古典羅馬城的發展過程中，許多公共設施其實有賴各方有力人士出錢出力方能完成，如羅馬的重要聯外道路費拉米尼亞路，由西元前3世紀的執政官蓋烏斯・佛拉米尼烏斯（Gaius Flaminius, 265 BC-217 BC）出資興建。這股深根於羅馬文化的傳統，亦將大大影響羅馬城市發展史。

西元前30年，凱撒（Julius Caesar, 100 BC-44 BC）的繼承人屋大維（Gaius Octavius, 63 BC-14 AD）戰勝安東尼（Marcus Antonius, 83 BC-30 BC），一舉結束長年困擾著羅馬人的頻繁內戰。環視帝國疆域，屋大維掌握了無人能及的政治實權，不久後，元老院順勢授予他各項榮譽稱號與大權，其中又以「奧古斯都」最為人所知。

雖然後世總是將奧古斯都政權視為羅馬皇帝制度的開端，但他的權力並非奉天承命，而是經由政治制度中的合法管道一一獲得。在此之前，羅馬人確實會因緊急狀態而授予某人特權，但奧古斯都的不同之處在於，他成功將手上特權常態化，甚至世襲化。因此，名義上奧古斯都仍為一介公民，卻擁有無與倫比的政治實權與影響力。正因為奧古斯都清楚知道其權力地位並非不可質疑，有必要向世人證明他確實足以承擔重責大任。

在奧古斯都死後，由本人提筆、名為《神君奧古斯都功績錄》（Res Gestae Divi Augusti）（以下簡稱《功績錄》）的紀錄立於墳前，抄本發散至帝國各處公告。其大致內容有以下幾項：奧古斯都

擴大帝國領地並維護和平、時常自費舉辦大型娛樂表演，與之同
等重要的，還有贊助各式大型公共建設。《功績錄》第19、20條提
到，由他出資建設的有卡彼托林廣場、龐培戲院、水道、朱立烏斯
廣場、元老院、阿波羅神殿、密涅瓦神殿等數十棟公共建設。且這
還不算入在他影響下，間接完成的公共建設，例如親密助手阿古立
巴（Marcus Vipsanius Agrippa, 64/62 BC-12 BC）完成萬神殿的整修工
程。總而言之，透過連續不斷的建設計畫，奧古斯都一生致力於強
調他為羅馬城與帝國帶來的和平與繁榮。

奧古斯都的實績也記載在某些當代文獻中。古羅馬建築師維特
魯威（Marcus Vitruvius Pollio, 80-70 BC-15 BC），在他獻給奧古斯都
的作品《建築十書》（De Architectura）中提到：

> 因為閣下委以重任，我應當避免自己因為一些小事中斷自己
> 的工作，從未將我的寫作，以及長久以來的建築研究公諸於
> 世。但我看到你不僅關心社會福祉、建立公共秩序，也為了
> 大眾利益而推動公共設施。因此，整個國家不僅會因你所管
> 理的省份日漸富饒，也會因為公共設施的巨大效益而越加茁
> 壯。我想我應該盡早找個機會，向你展示相關內容。[1]

與奧古斯都同時代的希臘地理學者斯特拉波（Strabo, 64/63 BC-
c. 24 AD），也在作品《地理》（Geographica）中，不禁讚美羅馬人
比希臘人更善於打造公共建設、改善生活品質，而這項「優良傳

---

[1] P. A. Brunt and J. A. Moore eds., *Res Gestae Divi Augusti: the Achievements of the Divine Augustus* (Oxford: The University Press, 1988), p. 155.

統」更是由包括奧古斯都在內的有力人士實現著：

> 早期的羅馬人並不關心羅馬城的美化。但他們的繼任者，尤
> 其是與我們同時代的那些人，卻開始大肆妝點城市；龐培、
> 神君凱撒、奧古斯都，以及他們親友，以無比的熱情及慷
> 慨，從事這項工作。許多成果都集中在戰神廣場，融入當地
> 自然美景。戰神廣場占地遼闊，可毫無阻礙地舉辦馬車比賽
> 和馬術競賽；也有可進行各式球類競賽的場地。這些建物散
> 布在廣場四周，地上長著終年長青的草本植物。台伯河彼岸
> 的山峰，向外延伸出壯闊景觀，造就了美麗奇景，令人心曠
> 神怡。[2]

在一百多年後，當史家蘇埃托尼烏斯（Gaius Suetonius Tranquillus, c. 69-after 122 AD）提到奧古斯都的生平時，仍不忘讚美這位皇帝的偉大成就：

> 他建造了許多公共建築，尤其是以下：有著馬爾斯神殿之廣
> 場、在帕拉提諾山上的阿波羅神殿，在卡彼托林山上的朱彼
> 特神殿。他之所以建造廣場，無非是越來越多民眾涉入法律
> 事務，原有的兩個廣場已不敷使用，因而需要設立第三個。
> 因廣場開放時略顯倉促，當時馬爾斯神殿甚至還未完工，而
> 其他地方已用做法庭辯論和選舉陪審員了。……此外，為了

---

[2] Brunt eds., *Res Gestae Divi Augusti: the Achievements of the Divine Augustus*, p. 158.

讓通往羅馬的路線更加便利，他自費修補了通往亞里米努
（譯註：Ariminum，現在的Rimini）的費拉米尼亞路；也將
其他重要道路的修復工作，指派給曾藉此舉辦凱旋式的人，
要求以當時收到的獎金為工程經費。奧古斯都也重建了那些
因時間流逝或遭遇火災而成廢墟的神殿，並獻上大量祭品以
重新裝潢。[3]

　　奧古斯都的建設絕非古典羅馬城的終曲，在他之後，許多皇帝
抱著相同信念，視建設羅馬為重要工作，進而留下了規模龐大的公
共建築群，例如大競技場、或是四散各地的廣場、大賽馬場、浴
場、水道等，都是這些皇帝最實質的成就。羅馬城原先只是義大利
半島上的不起眼小村落，經歷數世紀光陰的眾人努力後，終於成長
為傲視全地中海、足以匹配帝國榮耀的偉大都市。

　　西元312年，皇帝君士坦丁（Constantine the Great, 272-337）在
羅馬郊外戰勝其中一位競爭對手，成為帝國西半部的主宰者，為後
續統一全羅馬帝國奠定基礎。為慶祝這場勝利，君士坦丁在大競技
場旁興建凱旋門；在城內顯眼處建設地標的做法與前人並無二異，
但他顯然沒有前幾任皇帝的從容局勢。大體而言，羅馬帝國的繁榮
盛世在西元2、3世紀終告結束，自此之後，帝國內戰頻繁，又面臨
一波波的強勁軍事入侵，甚至發生皇帝戰死的窘境，君士坦丁接手
的便是此番混亂的羅馬帝國。為了更有效控制繁榮的東地中海，他
選擇在黑海出入口、易守難攻的者達達尼爾海峽附近建設君士坦丁

3　Brunt eds., *Res Gestae Divi Augusti: the Achievements of the Divine Augustus*,
　　pp. 156-157.

堡。這座城市在數年之內興建完成，內部有著羅馬人為完善公共生活的一切必要設施如浴場、體育場、集會所等，此外為了因應外族入侵，還設置宏偉城牆。這道城牆固然再次印證羅馬人的高超工程技術，也意味著，比起將外敵拒之於邊界，帝國如今已衰弱到會讓內陸大城暴露於威脅之下。同一時間，羅馬依舊是帝國名義上的首都，但比起大肆興建公共設施，君士坦丁的影響力更在於另一面向：羅馬城的基督教化。

　　在君士坦丁統治期間，過往備受壓迫的基督宗教終於合法化，皇帝本人及其家族成員也以建設教堂表現出積極支持。羅馬曾是眾多殉教者的活動之地，對基督徒而言，城內有大量意義非凡的殉難地、聖人遺骸及聖物，這些元素勢必成為興建教堂時的重要考量，如同君士坦丁所贊助的聖彼得大教堂，奠基在使徒彼得的墳墓上。隨著基督宗教的影響力不斷擴大，最終成了羅馬帝國的國教後，羅馬城內有越來越多公共建物轉為基督宗教使用。這股趨勢到了7世紀更是有增無減，原先用來敬拜眾神的萬神殿，在教宗主導下獻給聖母瑪麗亞與殉教者們；直到今日，萬神殿正式名稱仍是「聖母與殉道者教堂」。相對的，投注於公共建設的資源越發稀少，羅馬城內的生活品質日漸低落，真正有能力者，更關注於如何守護家族財產、在這個動盪不安的世界存活下去。

　　西元8世紀起，一連串的入侵騷擾對羅馬城造成嚴重破壞，加上教宗頻繁更換、城內世家大族彼此征伐、更加深城市的殘破。曾為帝國首都的羅馬城不再具有美麗外觀，曾讓居民引以為傲的公共建設紛紛演變為傳說故事，有幸保存者，也早已大失原貌，徒留眾人遐想。正是在此環境下，歐洲文明重新定位羅馬，將之賦予了歐洲其他城市所沒有的至尊地位。

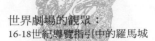

2.

描繪羅馬的朝聖者

耶路撒冷是基督宗教的重要朝聖地，但隨著伊斯蘭教於7世紀
興起、並控制東地海世界後，對一名基督徒而言，前往朝聖顯得困
難重重。在同一時間，羅馬城內出現為數眾多的教堂，加之羅馬主
教（也就也就是後來所稱的「教宗」）地位不斷提升，或許羅馬不
再適合作為帝國首都（這份殊榮由君士坦丁堡繼承），卻散發著無
庸置疑的神聖光芒，使許多歐洲基督徒願意冒著路途風險，一生至
少也要前往朝聖一次。

各地信徒的羅馬朝聖之旅，直接催生出中古羅馬城的導覽指
引。中世紀最早關於羅馬城市的導覽約在6、7世紀出現，但直到西
元9世紀完成的《恩席艾德手稿》（*Einsiedeln Manuscript*），才算是
建構出相對完整的資訊。這部作品年代久遠，無法得知作者的確切
身分，只能大概推論為修士或神職人員。《恩席艾德手稿》的建議
參訪路線，基本上是以門、重要教堂或古典建物為辨識方向的起點
與終點。有趣的是，行文分成了左右兩行並列，分別代表實際走在
羅馬城時的左右兩側景象，令讀者推想出羅馬城市景觀。這種「以
實際地理位置標示城內重要地點」的方式，未來也將成為其他導覽

指引的慣用手段。

　　實務而言，已不太可能依照《恩席艾德手稿》的建議路線遊覽羅馬。因為《恩席艾德手稿》的年代太過遙遠，羅馬城又正好在那時面臨劇烈轉變，有些景點如不是早已消失，便是難以考證確切位置或所指何物，加上大量使用古典語彙稱呼某些建築或地標，更讓辨識過程增添難度。這部作品真正有趣的地方在於，從遊覽路線可發現在當代人眼中，即便基督宗教建物紛紛興起，古典時代的遺留遺跡還是有其獨特魅力，或至少是城內重要地標，不因其破敗外觀而馬上喪失重要性。當15世紀的文藝復興人文學者不斷宣揚羅馬城的雙元面貌（古典文明和基督宗教、古代和現代）時，絕非是一股全新的發想；早在《恩席艾德手稿》開始編寫的9世紀，也就是基督宗教方興未艾之時，已然可以見到這套觀點逐漸萌發。

　　在《恩席艾德手稿》之後，由坎特伯里大主教西格里（Archbishop Sigeric of Canterbury, died 994）依親身經歷、在990年左右完成的導覽指引，轉而更加突顯羅馬城的基督宗教元素。西格里當年剛就任主教，特定前往羅馬面見教宗，因而促成了這趟羅馬之旅。根據內文，西格里僅在羅馬待上兩天時間，共參訪了23座教堂。因為多數教堂仍然存在，可將他的經歷簡單整理如下：第一天從梵蒂岡區域開始，跨過聖天使橋後一路北上經波波洛門出城，參訪城外郊區重要教堂，方向大致是沿著城牆順時針前進，最後抵達城市南端後進城，接著再度跨越台伯河到達對岸的特拉斯提弗列，在此結束第一天行程。第二天以萬神殿為中心，往返城市東半部的各大教堂。由此不難看出，西格里的遊覽焦點始終放在城內教堂或宗教建物。我們當然無法排除他順道參訪古典建物的可能性，但在他留下的筆記中，清楚顯見無論是城市形象或城市景觀的塑造上，教堂已是羅馬

城內不可或缺的存在。

　　大約在12世紀時，來自北歐的修道院長尼可拉斯（Abbot Nikolás of Munkathverá, dies 1159）如同西格里，也試著跨越紛亂的歐洲大陸，只為前往羅馬朝聖。尼可拉斯的導覽指引一共提到17個建議參訪景點，其中不乏現代人所熟知的教堂，如聖若望大殿、聖母大殿、牆外聖羅倫佐大殿等，少數比較特別的，還有兩個古典羅馬留下來的殘跡：聖天使堡和梵蒂岡方尖碑。大致而言，尼可拉斯係以台伯河為界，劃分出兩條羅馬遊覽之旅，第一條從東半部深處的拉特蘭大殿開始，一直往西側邁進，而第二條則起始於聖天使堡，最後結束在聖彼得大教堂一帶。至於要花多少時間方能完成，尼可拉斯便未進一步明講了。

　　尼可拉斯富有實證精神地描繪所見到的羅馬城，進而留下了如今看來別具價值的紀錄。比如說他花了相當篇幅仔細介紹舊聖彼得大教堂的空間結構：

> 隨後抵達聖彼得大教堂狹長遼闊的前庭空間。再繼續下去是尊貴的聖彼得大教堂，外觀非常宏偉華麗，此處能夠赦免所有人的罪行。人們必需從東邊進入教堂，聖彼得的石棺便在祭壇下方，那裡也曾是囚禁他的地牢所在地。從祭壇處算起，聖彼得大教堂約460呎長，230呎寬。而在祭壇附近，放著聖彼得當年被釘上去的十字架，下方則收藏了使徒聖彼得和聖保羅的各一半遺骸，至於另一半遺骸則放置在城外聖保羅大殿。祭壇下方還收藏了25具遺骸，他們是當年遵循耶穌教誨、與聖彼得一同來到羅馬的追隨者。教堂內的教宗西維斯特、葛雷高里祭壇，都是他們的埋葬之處。西側外頭則有

著聖彼得方尖碑。[1]

　　尼可拉斯描繪羅馬城的方式，也是獨具特色。他在其導覽指引中，先是描繪了正多邊形的羅馬城市輪廓後，還提到了一個在當時看來頗為新穎的分類概念：「五個在此的主教座堂」，也就是前述所提到的聖若望大殿、聖彼得大教堂、聖母大殿、牆外聖保羅大殿、牆外聖羅倫佐大殿。羅馬城內有諸多類型的建築，就連基督宗教建築本身，其實也都還有可進一步細分的類型。此前導覽指引習慣以實際地理位置標示城內建築，但尼可拉斯開始為城內眾多宗教建物提出分類依據，從而以宏觀視野統整城市面容。他的分類方式固然相當粗糙，卻有著劃時代意義。不久之後，為城內建物分門別類，將會是許多導覽指引的主要編排邏輯。

　　告別古典時代，基督宗教的需求無疑主宰了羅馬城的整體發展。教宗或多或少仍有能力和心思關注世俗性公共建設，但在此時，主要精力多半放在各類宗教建築的興建與美化。這也就是為何，即便羅馬城內保留為數不少古典遺蹟，中世紀的導覽指引依舊選擇以基督宗教建築為主角，藉以指引方向、描繪城市風貌。他們的做法不僅涉及自身宗教信仰，也有著相當務實的考量；如果一部羅馬城導覽指引完全捨棄基督宗教建築，可說是完全脫離現實，在後續的數個世紀仍是如此。然而，任誰都無法否認，基督宗教並非羅馬城的全貌，該如何使之與古典時代的文化、歷史和古蹟融合在一起，都是後續許多導覽指引不斷嘗試回答的議題。

---

[1] Anna Blennow, Stefano Fogelberg Rota eds., *Rome and the Guidebook Tradition: from the Middle Ages to the 20th century* (Berlin: Walter de Gruyter GmbH & Co KG, 2019), p. 280.

3.

《羅馬奇景》

羅馬城市導覽指引的發展過程中，時常出現一個特殊現象：同一作品其實是經歷眾人之手不斷編修而成，因此，往往有著各式各樣的版本，如果再加上時間因素，有時更會難以考證原作者身分，《羅馬奇景》就是這樣一部導覽指引。該書實際作者（或者更精確來說是「作者群」）早已是不可考的歷史謎團，不過可以比較確定的是，最遲在12世紀左右，已形成了我們現在所能看到的基本架構。

《羅馬奇景》基本上可約略分為三節，第一節依建物功能或性質分門別類後，再加以一一簡介，其分類標準遠比此前類似做法複雜且完善許多，其下分為：城牆、門、凱旋門、山丘、浴場、宮殿、浴場、橋梁、安東尼和圖拉真圓柱、墓地、殉教處等。第二節講述城內著名古蹟的奇聞軼事。第三節則是參訪羅馬的建議路線，簡單來講以梵蒂岡為起點，到城市北部後再南下至卡彼托林山附近，接著轉往城市東半部，結束在城市南端。

單就以上內容，《羅馬奇景》與中古早期的導覽指引有截然不同的氛圍：當前人聚焦於基督宗教建築時，該書重心卻是城內古典建物，並為之仔細分門別類，教堂反而散見各處，並未獨立介紹。

不過這並不意味著《羅馬奇景》跳脫了中世紀以來的世界觀，只要再仔細閱讀內文可發現，其核心精神依然是突顯基督宗教的勝利與擴張。

第一章第一節的〈羅馬建城〉依循古典傳說，解釋羅馬城由羅慕勒斯所創，而他身上又流著特洛伊人的血統，但《羅馬奇景》將這段建國神話往前延伸，從而安排在基督宗教的世界觀下。書中提到：

> 事件發生在人類試圖建造巴別塔之後，諾亞和他的孩子搭上一艘船……來到義大利。在現今羅馬城所在地的不遠處，建造一座新城並以自己的名字命名，他的旅途和人生便在那裡畫上句點。……此後，海克力斯帶著阿爾戈斯人來到雅努斯（譯註：Janus，諾亞的後代）的統治範圍內，……在卡彼托林山腳建立了瓦倫蒂亞城……
>
> 而在特洛伊滅亡433年後，特洛伊國王普里阿摩斯的血脈羅慕勒斯出生。在他21歲時，也就是5月15日那天，他用一座城牆將前述所有城市圍起來，並以他的名字統一稱為羅馬。接下來，……人們所熟知、世界上所有高貴的氏族，帶著妻小前往定居。[1]

繼羅馬城的建城故事後，《羅馬奇景》以同樣世界觀定位接下來的羅馬帝國，如同其提到奧古斯都所見到的神蹟，解釋天壇聖母

---

[1] Nicholas, Francis Morgan trans., *Mirabilia Urbis Romae (The Marvels of Rome: or a Picture of the Golden City)* (London: Ellis and Elvey, 1889), pp.1-5.

堂的非凡起源：

> 當奧古斯都虔誠地聽著女先知的預言時，天堂顯現，強光照
> 射在他身上。皇帝驚訝地看到天堂聖母優雅降臨，站在祭壇
> 上，懷裡抱著神子。接著天堂傳來聲音對他說：這位是即將
> 孕育出救世主的處女。隨後接著說：這裡是神子的祭壇。皇
> 帝直接跪倒在地，敬拜應該到來的耶穌。他將此番景象轉述
> 給元老院議員，他們同樣感到極為驚訝。這件事發生在奧古
> 斯都的辦公處，這個地方就是現在卡彼托林山上的聖母壇，
> 亦稱為天壇聖母堂。[2]

　　城內部分知名景點更是有著完全不同的歷史意涵，比如在中世
紀普遍相信為君士坦丁大帝的那座青銅騎馬像，[3]被詮釋為某位解
救羅馬的無名英雄：

> 拉特蘭大殿那裡有座青銅騎馬像，有人說那是君士坦丁
> 騎馬像，但事實並非如此。如果有人想知道實情，就讓他閱
> 讀以下段落。
> 　　在執政官和元老院治理羅馬的時期，某位強大的東方國
> 王來到義大利，在拉特蘭大殿的位置包圍了羅馬，造成羅馬
> 人大量傷亡，為此感到痛苦萬分。後來某位俊美、崇高、勇
> 敢、睿智的騎士，自告奮勇地向執政官和元老院說：如果有

---

[2] Nicholas trans., *Mirabilia Urbis Romae (The Marvels of Rome: or a Picture of the Golden City)*, pp.35-38.

[3] 後來考證確認為奧里略皇帝，現位於卡比托林廣場正中央。

人能幫助你們脫離這場苦難,元老們將會給予什麼獎勵?
他們回覆:他將馬上得到其所希望的。騎士便說:當戰爭
結束,給我3萬塞斯特提烏斯,以及用上等青銅製成的騎馬
像以紀念勝利。……後來他們光榮地回到城裡。元老院實
現承諾,賜予那位騎士曾要求的回報,也就是3萬塞斯特提
烏斯,以及為了紀念他、沒有馬鐙的青銅像。銅像上頭是
騎士的塑像,右手向前伸著,指著那位入侵的國王,馬頭
上還有隻小貓頭鷹,為了紀念牠的叫聲引導羅馬人獲得勝
利。[4]

　　著名的大競技場甚至披上略為奇幻的色彩,成為了恐怕連古羅
馬人也無法想像的太陽神殿:

大競技場曾是太陽神殿,擁有無與倫比的壯麗感。內部有多
個拱頂房間,每間都以光亮的黃銅裝飾天花板,閃爍的燈火
模擬雷電交加的情境,細小水管則用來營造落雨情境。神殿
內還設立天體、太陽及月亮的象徵,都按照實際軌道排列運
行。而在正中央的太陽神,腳踏地面,頭頂天堂,手上拿著
一顆寶珠,象徵羅馬主宰了世界。[5]

到了後來,這座太陽神殿當然是在教宗的努力下消失殆盡。

---

[4] Nicholas trans., *Mirabilia Urbis Romae (The Marvels of Rome: or a Picture of the Golden City)*, pp.42-45.

[5] Nicholas trans., *Mirabilia Urbis Romae (The Marvels of Rome: or a Picture of the Golden City)*, pp.62-64.

　　在《羅馬奇景》完成的12世紀，正是教宗努力於在世俗界中建立至高威望的年代，也是基督宗教持續發展的擴張期，該書內容理所當然地呼應教會的世界觀。就現代標準來看，《羅馬奇景》稱不上是可讀性高的作品，通篇內容如流水帳，僅簡單描述歷史背景與現況。真有多所著墨之處，也多是聚焦在奇聞軼事或宗教趣聞，鮮少出自作者本人的直觀感受。書中部分內容固然有所根據，卻同時存在不少謬誤之處，只待後世學者一一調查後更正。

　　但從許多方面來看，《羅馬奇景》再現羅馬城的方式，的確是個重要典範。羅馬的歷史悠久，古蹟、建築種類繁多，而以建物功能或性質作為分類依據的做法，雖不見得是史上首例，但完整套用到整部作品，《羅馬奇景》算是史上最早案例。更重要的是，《羅馬奇景》透露出眾人對羅馬的興趣，已明顯深化到歷史過往，搭配初步的研究調查與考古挖掘，總結為文字後展現於世人面前。這或許是很初步、甚至是極不成熟的嘗試，不過以研究羅馬城市史的角度來看，卻是個重要嘗試。簡言之，《羅馬奇景》的創作者們顯然是在前人基礎上，持續以基督宗教的世界觀認識羅馬，同時也用更完整、系統性的寫作方式，使羅馬與基督教更顯得密不可分。

　　在此之後的導覽指引，就如同《羅馬奇景》所做的，在不斷更新城市的歷史過往時，持續闡述著基督宗教與古典羅馬之間的緊密連結。如此一來，羅馬才更顯得是蒙田、歌德，乃至於現代人所認識的羅馬。後續導覽指引無非是在《羅馬奇景》所展示的時代精神上，持續補充與修正。就此而論，《羅馬奇景》可說是在前人之作、以及後輩新進之間，建立一條橫跨數個世紀的連結。

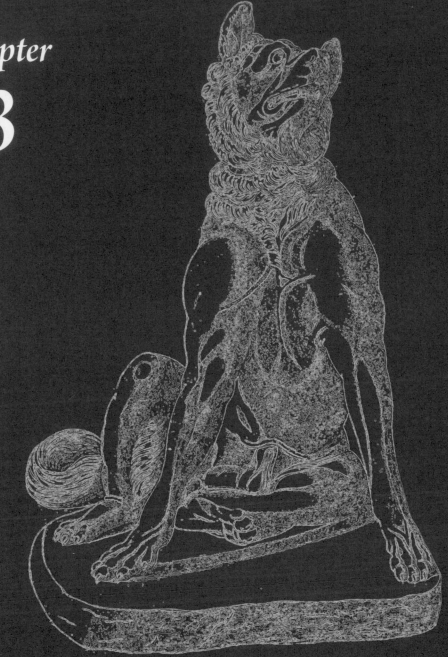

建築師眼中的嶄新羅馬城

El tēpo di Giulio.II.ſi trouaua in Roma Baldeſſar Petrucci Seneſe,nõ ſolamēte pittore grāde,ma
molto intelligēte ne l'architettura,il quale ſeguitãdo però i veſigi di Bramāte,fece vn modello nel mo=
do qui ſotto dimoſtrato,volendo che'l tēpio haueſſe quattro porte,e che l'altar maggiore fuſſe nel mezo,
& a i quattro angoli ci andauano quattro ſacriſtie,ſopra le quali ſi poteuano fare i cāpanili per ornamē
to,e mſtinamēte nę la faccia dināzi,che guarda verſo la città.Il preſente tēpio è miſurato a palmo antico Romano:
e prima nel mezo da l'un pilaſtro a l'altro è palmi cento e quattro.Il diametro de la cuppola di mezo è palmi cento è
ottantaotto.il diametro de le cuppole picciole è palmi ſeſſantacinque.il netto de le ſacriſtie è palmi cento.i quattro pi=
laſtri di mezo fanno quattro archi,i quali tolgon ſuſo la cuppola,& i quattro archi ſono gia fatti:l'altezza de i quali è
palmi ducento e venti,e ſopra queſti archi ci andaua vna tribuna molto ornata di colonne con la ſua cuppola ſopra,e
queſta ordinò Bramante prima ch'ei moriſſe:la pianta de la quale è qui ne la ſeguente carta.

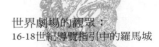

I.

拉斐爾的研究計畫

文藝復興藝術家拉斐爾大約在16世紀初來到羅馬，藝術天分加上長袖善舞的社交能力，使他在短時間內，躍升為羅馬文化圈中最受重用的藝術家，環顧當時，大概只有米開朗基羅的聲望可與之相比。拉斐爾直到1520年去世前，在羅馬執行了許多別具意義的工作委託，其中又以「調查羅馬城內古蹟現況」的教宗委託最為特別。

拉斐爾並不算是一位特別受過良好教育的藝術家；反觀他最大的競爭對手米開朗基羅，自幼接受麥地奇家族的資助，曾向許多優秀學者學習。但拉斐爾的人緣一向不錯，身邊不乏學識豐富的朋友一同進行教宗委託。可惜的是，拉斐爾在不久後猝逝，未能留下具體成果報告，所以難以明確看出這項工作究竟完成到什麼程度。所幸他曾在1519年向教宗李奧十世（Leo X, 1475-1521）呈遞一封信，報告初步心得與研究計畫。

信件一開頭，拉斐爾提到因為羅馬的獨特歷史地位，對教宗的委託充滿期待。但話鋒一轉，感慨偉大的古典遺跡雖躲過自然力量侵襲，卻無法避開人為惡意破壞。拉斐爾更進一步具體解釋，這些

破壞多半來自現代羅馬的快速發展，因為許多新建築所需的建材，都是取用自遺跡上的大理石。滿心悲痛的拉斐爾，請求教宗出手干涉破壞行為，讓那些充滿歷史榮光的存在不至於消失殆盡。隨後，他為教宗的（假使真有實踐）保護行為，冠上一連串道德頌詞。對任何一位生活於16世紀羅馬城的人來說，藝術家的話語想必充滿不言可喻的政治意味。

16世紀時，教宗地位並不如他們所宣稱地至高無上。羅馬城內還有數個家族、地方勢力掌握政治資源，時而競爭，時而合作。相對的，教宗為了證明他才是羅馬城的實質統治者，積極介入城內古蹟建物的管理維護。這不僅是延續自古典時代的傳統，從現實層面來看，也是在向世人宣傳教宗所掌握的龐大資源與政治實力。因此，拉斐爾的話語，也是建議教宗應盡早建立更強大的權力結構。

其實，包括李奧十世在內的文藝復興教宗，或多或少都有這方面的認知。教宗們知道，羅馬城的現代化發展絕對有其必要性，但也清楚意識到，絕不可再放任世人持續開採古蹟石材；羅馬城的開發與保存，是當時不斷辯證的論題。在許多時候，教宗採取的是較為折衷的管理方式，例如發放開採執照，換言之，既然不可能完全禁止，至少必須嚴加管控。這類開採執照不時會添加附帶條件，比如說不得破壞指定標的物（通常是著名地標建築），或是事後需恢復現場原狀。積極將既有古蹟轉化為現代使用也是另一種常見做法。以今日眼光來看，大規模改造古蹟以服務現代需求，絕對遠超出「保存」的概念，但在當代羅馬城內卻是常見手段，例如扼守梵蒂岡的聖天使堡，原先只是古羅馬皇帝陵墓，經過多次改造與裝飾後，早已不復當年模樣。但無論是朝向哪個方向發展，最終都必須要在教宗的控制之下。或許當年李奧十世給予拉斐爾這項委託時，

確實另有所圖：透過大規模的調查，教宗能更有系統性地掌握羅馬城全貌，進而知道手上有多少資源或籌碼；而藝術家也只不過是投教宗所好、提出相對應的建議。

接下來的段落，拉斐爾開始說明要如何調查城內古蹟。他不再只是彙整前人資料便完成了事，而是依據實際觀察，以時間序列提出三種分類依據：

> 第一種是古代權貴人士所建設，時間點大約是首位皇帝到哥德人和其他蠻族摧毀羅馬之間。第二種是哥德人控制羅馬及其之後百年間。第三種便是接續前項之後，直到我們這個時期。[1]

分類之後，為求有效測繪、記錄外觀，並有助於他人辨識欣賞，應備妥各種測繪工具，方能畫出古蹟的平面圖、內牆與裝飾圖樣。有了完善工具，還需成熟的透視技法，畫出最符合現實情況的圖像，「讓眼睛能觀察和判斷建築外觀的比例和平衡之美。」[2]考量到透視法具有莫大功效，拉斐爾堅稱每個建築師都應掌握這項技術。

拉斐爾不同於前人，不再只是以個人的主觀視野記述羅馬城。他試圖以當代最新技術，畫出高度寫實，甚至標準化後的圖像，即便第三者未能親眼見識，也能藉由視覺圖像欣賞細節。也就是說，拉斐爾所追求的，是測繪出這些古蹟最為精確寫實的現況，當中不

---

[1]   Raphael Sanzio, *Letter to Leo X*, p. 2. from: https://reurl.cc/zbeog7 (2021/03/03)
[2]   Raphael Sanzio, *Letter to Leo X*, p. 3. from: https://reurl.cc/zbeog7 (2021/03/03)

容許有誤差空間,而這正好是中世紀創作者沒有意識到、也無法達到的成就。

　　可惜的是,縱然拉斐爾的想法多麼有別於過去,始終停留在計畫階段;我們永遠無法知道拉斐爾究竟能影響教宗到何種程度、更無法知曉他當年看到的羅馬是什麼樣子。不過拉斐爾並非文藝復興時期的單一個案,還有許多人也準備以同樣精神觀察城內一景一物,一個更為立體鮮明的羅馬城,才正要出現在世人面前。

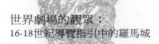

2.

16世紀羅馬城的最新資訊

　　就古典建築學的再發現和研究而言，16世紀歐洲的成果可謂豐碩。眾多藝術家以古羅馬建築師維特魯威的《建築十書》為核心，踏上了研究古典建築的漫漫長路；另一方面，文藝復興藝術家並不全然只是從書中研究古典建築，他們的實證精神也使之不斷親往羅馬現場。

　　西元1541年起，著名建築師帕拉迪歐（Andrea Palladio, 1508-1580）多次造訪羅馬，正是為了研究讓眾人著迷不已的古典建築。他在1554年時，接連出版兩本重要著作：《羅馬古蹟》（*L'Antichità di Roma*）和《羅馬教堂》（*Descritione de le Chiese*），顧名思義，前者著重於城內古蹟，後著聚焦於介紹教堂。帕拉迪歐在許多方面承襲中世紀以來的論調，如羅馬城內建築的分類邏輯，又或是將城內建築、景點區分成「宗教和世俗」、「古典和現代」、「多神教和基督教」的雙重對比；與此同時，帕拉迪歐卻又致力於呈現最貼近現況的資訊，頗有文藝復興時代的特色。

　　帕拉迪歐知道，即便在此之前已有許多討論羅馬城的作品，也不能一味接受，仍有必要親身觀察、測量後，依現地狀況更新資

訊。如同在討論城內教堂時，帕拉迪歐直指許多前人說法早已違背現況，必須重新修正：

> 我在其他作品中（譯注：指《羅馬古蹟》），仔細且簡明扼要地描繪羅馬城內古蹟，在本書中，為了進一步滿足讀者的好奇心，也希望描繪城內宗教建物及其現況。固然過去已有許多相關作品，但不少內容已背離現實。像是那些聖物因戰爭、火災、破壞，或是因新建教堂、收容所及兄弟會等建築變更或移動。[1]

帕拉迪歐更新資料、展示現況的企圖心，更具體表現在他建議的羅馬遊覽路線。他在《羅馬教堂》根據城市現況，向讀者提供四條遊歷羅馬的建議路：第一條從台伯河島開始，往西後抵達特拉斯提弗列，一路北上抵達梵蒂岡地區。第二條以波波洛門為起點，一路往南抵達卡彼托林廣場，途中多次岔開主要幹道，轉往城市鬧區各處，為距離最長、觀賞景點最多的一條路線。第三條以卡彼托林廣場為中心，參訪以此往東、往北的區域。最後一條以卡彼托林廣場為中心，轉往城市南端的大片區域。雖然帕拉迪歐的路線明顯是個朝聖之旅，但整個遊覽路線的範圍，卻比前人路線大上許多。讀者也可參照《羅馬古蹟》的內容、親自感受羅馬的多元風貌，這兩本書出版於相近時間點絕非巧合。

---

[1] Vaughan Hart and Peter Hicks, *Palladio's Rome*, p. 3. from: https://www.researchgate.net/publication/37965414_Palladio's_Rome (2021/03/03)

　　有點可惜的是，帕拉迪歐雖自詡於更新資訊，《羅馬古蹟》和
《羅馬教堂》這兩本明顯以一般大眾為目標的作品，卻沒有附上
日漸受歡迎的版畫。帕拉迪歐毫無疑問知道版畫的重要性，如同
1570年出版的《建築四書》（*I Quatto Libri dell'Architettura*），便收
錄為數不少的精美版畫。或許是製作成本上的壓力，又或是製圖技
術上仍有某些難以克服的難題，迫使他放棄在這兩本早期之作加入
版畫。

　　即便如此，《羅馬古蹟》和《羅馬教堂》仍是帕拉迪歐的重要
作品，就內容的豐富度而言，足以視為當代最新的百科全書式導覽
指引。數十年後，出版商持續擷取諸多文字內容，甚至加入當年未
能放入的版畫，當作最新的導覽指引重新出版。帕拉迪歐當年的起
心動念，直到數十年後持續造福著眾多旅人。

　　如果說拉斐爾和帕拉迪歐是當代實證精神的先行者，塞利奧
（Sebastiano Serlio, 1475-1554）便是將這股精神化為具體成果的實踐
者。他出生於1475年，日後在羅馬仔細考察古典建築，隨後轉往威
尼斯，持續精進相關知識技能。過段時間後又前往法國，將畢生所
學轉介給其他建築師，在當代頗負盛名。

　　塞利奧並未留下太多建築實績，真正讓他留名於世的，是
1537年起陸續出版的《關於建築作品及其透視圖》（*Tutte L'Opere
D'Architettura et Prospetiva*）。這套建築理論書分為八冊，各冊互有連
結，卻又可獨立閱讀。第一、二冊涉及幾何學、透視法等，與測繪
建築相關的實務知識；第三冊收錄羅馬城內古蹟與相關圖像，頗有
作為前兩冊範例的意涵；第四冊集中在五種古典建築柱式，第五冊
之後講解以上知識的實際案例。從內容上來看，塞利奧應該是計畫
藉由此書，建構出一套針對當代建築師的完整訓練系統：先從測繪

建築時必備的基礎技術開始,再以羅馬城內古典建築為範例,最後探討各種實務。

《關於建築作品及其透視圖》是一套在維特魯威《建築十書》之後,更切合當代需求的建築理論書。加上以方言寫成,使之更容易閱讀傳播,日後多次再版,甚至翻譯成各種語言。除此之外,塞利奧有意識地運用圖像,顯然也是該作品能獲得如此成就的重要原因。因為使用大量圖像解釋相關資訊,《關於建築作品及其透視圖》的內容不再只是原則、方向性的建議,而是能深入討論到文字難以形容的細節,並讓理論上最完美的比例、樣式,化為可供建築師、乃至於一般讀者參考的標準規範。

當然,塞利奧絕非史上首位以圖像展示研究成果的文藝復興建築師。同時代的建築師費拉瑞塔(Filarete, c. 1400-c. 1469)曾提過一個親身經歷:當他試著向米蘭公爵解釋大競技場的外觀時,公爵不耐煩地打斷,明白表示他想要先看到一些圖像。費拉瑞塔只好拿出測繪圖,待公爵滿意後方能繼續講解下去。即便費拉瑞塔等建築師理解圖像的必要,但他們的圖像多半停留在個人繪圖、或是筆記旁的插圖,未能以版畫形式正式出版;相比之下,塞利奧的作品著實與眾不同。

假使有意尋找遊覽羅馬時的參考資料,《關於建築作品及其透視圖》的第二冊(副標題為:《波隆那建築師塞利奧的第三卷書,內容關於羅馬城內、或是在義大利,及義大利之外的古蹟之描繪》(*Il Terzo Libro Di Sebastiano Serlio Bolognese Nel Qual fi Figurano, E Descrivono Le Antiquita Di Roma, E Le Altre Che Sono in Italia, E Fuori D'Italia*),會是格外有趣的作品。該書以磚造拱門為封面主視覺,往遠方看,有一座方尖碑的殘破基座,散落的柱子構建占據畫面前景,象徵羅

世界劇場的觀眾：
16-18世紀導覽指引中的羅馬城

圖3-1　塞利奧（Sebastiano Serlio），《關於建築作品及其透視圖》（*Tutte L'Opere D'Architettura et Prospetiva*）第三冊封面。該書為專業建築學作品，收錄大量精確建築圖說，見證文藝復興時代的實證精神。這類作品，是最早一批試著將羅馬城內景物圖像化的實際嘗試。

原圖出自：Sebastiano Serlio, *Tutte L'Opere D'Architettura et Prospetiva, Terzo Libro* (Venetia: 1544).

馬城的悠久歷史及其與現況對比。畫面中央壁龕中的雕像，與古典神像的造型雷同，手中物件卻是文藝復興藝術家使用的測繪工具，明示本書作者的研究方法（圖3-1）。

第三冊一共收錄數十棟大小建物。通篇結構為簡述建物基本背景後，再詳述尺寸、空間配置、裝飾物件等細節。因此，本書並不算是平易近人的作品，但接下來的大量精緻圖像，令讀者得以迅速吸收書中龐大的資訊。版畫出現順序依循一套非常明確的規則，也就是平面圖、剖面圖或立面圖後，最後是局部細節圖。如萬神殿一開始的平面圖，清楚表現出獨特圓形輪廓，內有多個內嵌式的壁龕空間（圖3-2）；而接下來的立面和剖面，先表現

64 |

常人角度看到的外觀後，再引導望向其他裝飾性結構如壁龕、柱頭
（圖3-3、圖3-4）。又如著名的大競技場，先以平面圖點出獨特空
間感，再用不同角度勾勒出內部階梯結構（圖3-5），隨後再細細
畫出外觀特徵，以及每層樓的柱子造型（圖3-6）。書中提到的其
他著名地標，還有方尖碑（圖3-7）、圖拉真圓柱（圖3-8）和君士
坦丁凱旋門（圖3-9）等。

　　書中收錄的聖彼得大教堂設計圖，也是相當有趣的案例。塞
利奧提供的第一張圖像，是由拉斐爾設計的方案：採用傳統教堂
建築慣用的拉丁十字式，但到了下一張，卻換成布拉曼帖（Donato
Bramante, 1444-1514）提出的希臘十字式設計，為當年那場充滿人
文主義、宗教傳統與政治考量的平面布局之爭議，留下格外清楚的
時代紀錄（圖3-10）、（圖3-11）。

　　就「一位建築師該有什麼技能？」的議題上，塞利奧必定能與
拉斐爾達成一個共識，也就是「成熟的繪圖技術」。塞利奧在《關
於建築作品及其透視圖》第六冊不無諷刺地指出：

> 為了以妥善比例畫出平面布局，如果（建築師）沒有多年研
> 究優秀建築的經驗、也沒有測繪的技能時，在那些更有能力
> 之人面前，應該要知所進退。但我的老天啊，根本沒多少人
> 自發地鑽研這項高貴美麗的技術，最後讓自己比鼴鼠更加盲
> 目。[2]

2　Eelco Nagelsmit, "Visualizing Vitruvius: Stylistic pluralism in Serlio's Sixth Book on Architecture?" in: Joost Keizer and Todd Richardson eds., *The Transformation of Vernacular Expression in Early Modern Arts and Scholarship* (Intersections 19) (Leiden: Brill, 2012), p. 346.

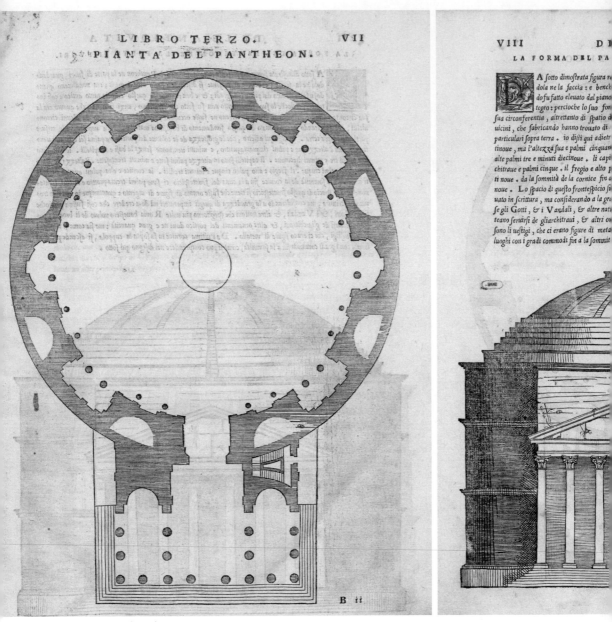

3-2 | 3-3 | 3-4

圖3-2　萬神殿平面圖。
圖3-3　萬神殿立面圖。
圖3-4　萬神殿剖面圖。
原圖皆出自：Serlio, *Tutte L'Opere D'Architettura et Prospetiva, Terzo Libro.*

orma del *Pantheon* ne la parte di fuori, guardan=
enda a baſſo alcuni gradi ; era nondimeno quan=
 ragione ſe queſto edificio tanto antico e coſi in=
o con ſparagno , anzi ſi tiene , che quanto era la
cupato , per quanto s'è ueduto da alcuni circon=
i boniſſima materia . Ma uegniamo a le miſure
de le colonne del portico era palmi ſei e minuti uen=
quentinoue ſenza le baſi e i capitelli . le baſi ſono
almi ſette e minuti trentaſette . l'altezza de l'ar=
tredici . la cornice e alta palmi quattro e minu=
icio ci ſono palmi trentaquattro e minuti trenta=
 di figure di argento : quantunque io non l'ho tro=
peratori mi do a credere che coſi fuſſe : percioche
uolte *Roma* haueſſero uoluto de li bronzi ; po=
doue ne e gran quantità : ma ſia come ſi uoglia ci
rnice in ſu ſopra la cuppola , ſi aſcende per aſſai
ndere nel diſegno qui ſotto .

VEſta ſeguente figura dimoſtra la parte interiore del *Pantheon* , la qual forma e tolta da la ro=
tondità perfetta : percioche tanto e la ſua latitudine da muro à muro , quanto e dal pauimento
fin ſotto l'apertura , che come ho detto piu adietro e per diametro palmi cento e nouantaquattro ,
& e tanto dal pauimento a la ſommità de l'ultima cornice , quanto da quella a la ſommità de la
uolta doue e l'apertura . le riquadrature , che ſono in eſſa uolta o uogliam dire cielo , ſono tutte nel modo ch'è
quel di mezo : & e oppenione , che fuſſero ornati di lame di argento lauorato , per alcune ueſtigie , che anchora
ſi ueggono : perche ſe di bronzo fuſſero ſtati tali ornamenti ; per le ragioni dette piu adietro ſariano ſtati ſpo=
gliati gli altri bronzi , che anchor ſono nel portico .

Non ſi marauigli alcuni ſe in queſte coſe che accennano a la pꝛ̃ſpettiua , noa ui ſi uede ſcortio alcuno , ne groſſezze ,
ne piano ; percioche ho uoluto leuarle da la pianta dimoſtrando ſolamente le altezze in miſura , accioche per lo
ſcortiare le miſure non ſi perdano per cauſa dei ſcorzi : ma ben poi nel libro di pꝛoſpettiua dimoſtrerò le coſe=
ne i ſuoi ueri ſcorzi in diuerſi modi , in ſuperficie , & in corpi in uarie forme , e gran copia di uarii caſamenti
pertinenti a tal arte , ma nel dimoſtrare queſte antiqueⱶ per ſeruare le miſure non uſarò tal arte . da la cornice
in giu non dirò hora le miſure de le coſe , perche piu auanti a parte per parte dimoſtrero le figure , e ne darò le
miſure minutamente .

La capella di mezo anchora ch'ella ſia beniſſimo accompagnata con tutta l'altra opera ; nondimeno e oppenione di
molti che non ſia antica : perche l'arco di eſſa uiene a rompere le cinque colonne , coſa che non uſarono li boni
antichi ; ma che al tempo de *Chriſtiani* ella ſia ſtata creſciuta , come ſi conuiene a i tempii di *Chriſtiani* di
hauer un'altar principale , e maggior de gli altri .

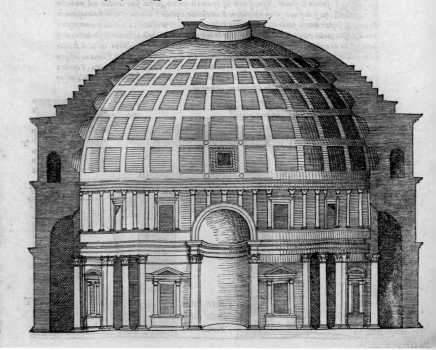

世界劇場的觀眾：
16-18世紀導覽指引中的羅馬城

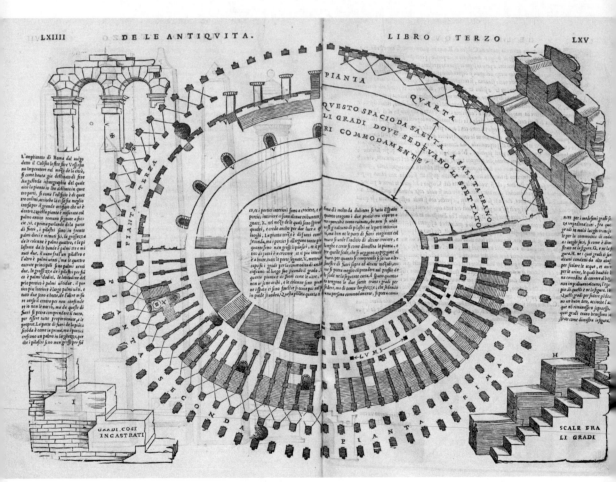

圖3-5　大競技場平面圖及部分結構細節圖。
原圖出自：Serlio, *Tutte L'Opere D'Architettura et Prospetiva, Terzo Libro.*

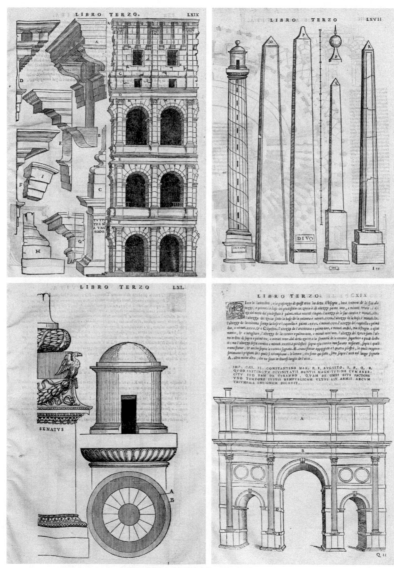

3-6	3-7
3-8	3-9

圖3-6　大競技場部分細節圖及立面外觀。

圖3-7　羅馬城內方尖碑與圖拉真圓柱。

圖3-8　圖拉真圓柱基座與頂端結構。

圖3-9　君士坦丁凱旋門立面圖。

原圖皆出自：Serlio, *Tutte L'Opere D'Architettura et Prospetiva, Terzo Libro.*

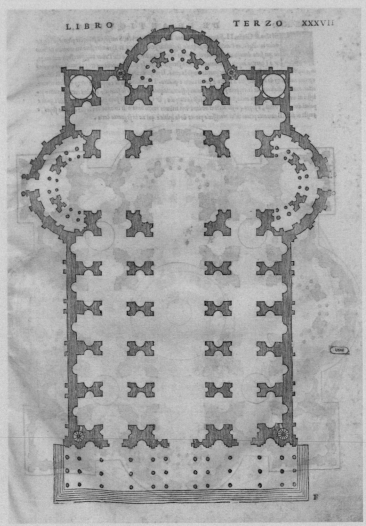

圖3-10　新聖彼得大教堂的設計圖之一，由拉斐爾設計，其延續了教會傳統，規劃出狹長的內部走道空間，便於舉辦各種儀式。
原圖出自：Serlio, *Tutte L'Opere D'Architettura et Prospetiva, Terzo Libro*.

圖3-11　新聖彼得大教堂的設計圖之一，由布拉曼帖設計。四邊等長的造型，符合
　　　　文藝復興藝術家追求的對稱感，蘊含了深遠的哲學意涵。但這類設計卻違
　　　　背了教會傳統，在當時引來不小的議論。
原圖出自：Serlio, *Tutte L'Opere D'Architettura et Prospetiva, Terzo Libro.*

　　塞利奧非常自豪於他的技術以及版畫作品，他確實也有資格這
麼認為。我們甚至可以說，圖像與其說是補充性資料，更像是《關
於建築作品及其透視圖》的主角，其重要性不下於任何文字段落。
塞利奧的作品概念簡單，卻也有莫大影響力及成就。當代法國建
築師念念不忘他所帶來的貢獻，如德洛姆（Philibert de l'Orme, 1514-
1570）曾說過：

> 塞利奧是第一位以文字和繪圖，向法國展現古代建築知識及
> 重要發展的人。就我所知，他具有崇高節操，將親自測繪古
> 代遺跡的成果加以出版，是個應當尊敬之人。[3]

　　如同德洛姆所言，塞利奧是一位了不起的建築師。他正式開啟
一條觀看羅馬城的新道路，羅馬城的偉大與轉變，將不再侷限於一
些通論性、甚至流於空泛的形容詞，而是以最精確視覺圖像，留待
讀者慢慢體會與觀察。從今而後，任何對羅馬有興趣之人，將會發
現利用版畫觀看羅馬城，將會是理所當然之事。創作這些版畫的人
也不會只滿足於羅馬這座世界劇場的過去，他們心中所想的，還有
值得注目的未來展望。

---

[3]　Nagelsmit, "Visualizing Vitruvius: Stylistic pluralism in Serlio's Sixth Book on
　　Architecture?", p. 342.

3.

《弗拉維大劇場》、
《梵蒂岡殿堂及其起源》

西元1638年，建築師卡洛‧豐塔納（Carlo Fontana, 1638-1714）在瑞士出身，12歲那年前往羅馬，在前輩指引下開始學徒生涯。他起先只負責枝微末節的任務，後來因優秀表現肩負越來越重要、專業的工作，就連當時最具聲望的貝尼尼（Giovanni Lorenzo Bernini, 1598-1680）也委託一些工作。此後，卡洛‧豐塔納的事業尚稱順利，大約自1680年代起獨立作業，如波波洛廣場的雙子教堂由他接手完成。事業有成的卡洛‧豐塔納也收受學徒，回饋畢生所學。大約同一時間他開始提筆創作，接連完成《弗拉維大劇場》（L'Anfiteatro Flavio）及《梵蒂岡殿堂及其起源》（Il Tempio Vaticano e Sua Origine）這兩部精彩作品，展示了在實證精神的影響下，關於羅馬城的研究能精細到何種程度。

《弗拉維大劇場》在卡洛‧豐塔納逝世後的1725年出版，意在討論當代羅馬城內一項甚為重要，卻從未執行的都市更新計畫：將弗拉維大劇場，也就是眾人俗稱的大競技場改造為教堂。1675年，羅馬時逢大赦年，已有人提出改造大競技場的想法，其動機，如同

也參與討論的貝尼尼所解釋：「獻給聖母瑪麗亞」、並「保存古代建築技術」。但就像許多都市計畫，這項構思最後也是不了了之。卡洛・豐塔納透過該書再次拾起這個話題，以基督宗教的需求為核心理念，他說道：「古代的宗教建築，皆曾獻給虛假的異教神明，後來由教宗及早期信徒們，轉換其性質以榮耀上帝，同時也紀念那些知名的殉教者。」[1]

　　就卡洛・豐塔納的生平來看，或許是想趁著1700年的大赦年，促使教宗重新考慮這項計畫，並任命他負責執行。不過暫且不論卡洛・豐塔納的發想為何，他確實徹底調查了大競技場的過去與現在，並以無比精彩的方式公諸於世。

　　包括前言在內，《弗拉維大劇場》分成六大部分。前言簡介劇場、圓形劇場這類建物的基本歷史、形式，以及相關建築技術功能，接著講述古羅馬人在受到外來文化影響後，是如何接納與再利用這類建物。隨後展開的第一章，將重心放在大競技場的基本結構，與之相對應的，是大量關於大競技場的平面圖、立面圖、剖面圖等，此前少見的精細圖片（圖3-12、圖3-13、圖3-14、圖3-15）。

　　介紹大競技場的基本形制後，第二、三章著重於大競技場的古代使用樣貌。大量圖像依舊舉足輕重，甚至在最後一頁放上如同劇場背景般的跨頁版畫（圖3-16、圖3-17）。只見背景為大競技場的剖面，從中可清楚辨別連結各樓層的階梯結構，最底層正中央則是好幾組廝殺中的角鬥士。場外有一群由此經過的普羅大眾，以一種奇妙卻又不流於怪異的畫面結構，烘托大競技場的朔大結構，以及日常使用狀況，從而全面性地復原這座著名古蹟的原始風華。其他

---

[1]　Carlo Fontana, *L'Anfiteatro Flavio* (Haia: 1725), p. 160.

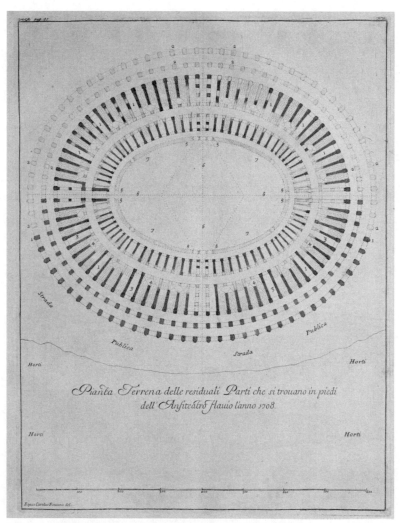

圖3-12　大競技場平面圖，深色部分為18世紀當時仍尚存結構。
原圖出自：Carlo Fontana, *L'Anfiteatro Flavio* (Haia: 1725).

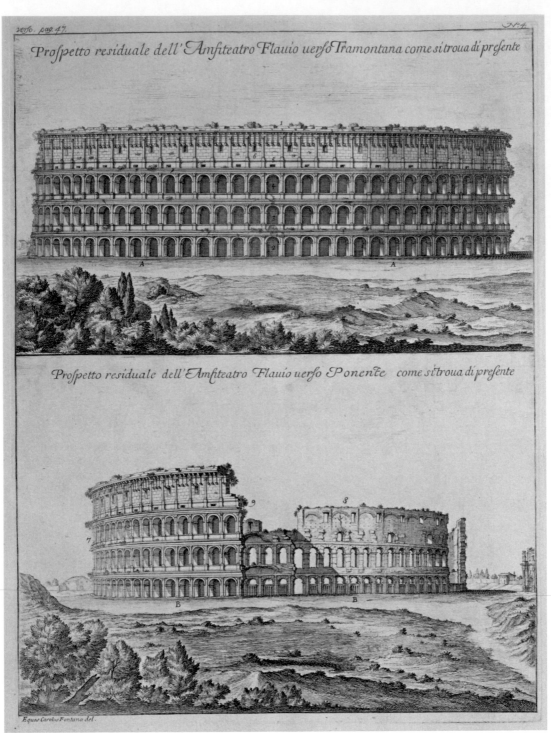

圖3-13　大競技場於17世紀末的立面外觀，上圖為北側，下圖為西側。
原圖出自：Fontana, *L'Anfiteatro Flavio*.

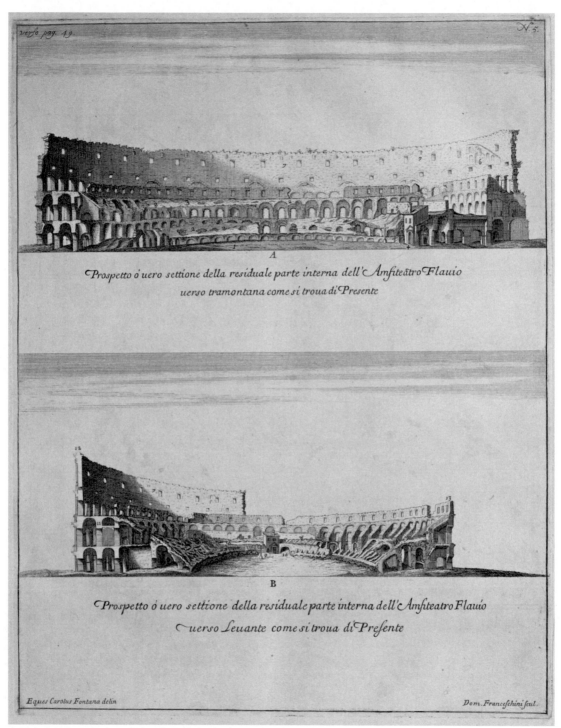

A

Prospetto ò uero settione della residuale parte interna dell'Amfiteatro Flauio
uerso tramontana come si troua di Presente

B

Prospetto ò uero settione della residuale parte interna dell'Amfiteatro Flauio
uerso Leuante come si troua di Presente

Eques Carolus Fontana delin.   Dom. Franceschini scul.

圖3-14　大競技場內部於17世紀末的保留情況，上圖為北側，下圖為東側。
原圖出自：Fontana, *L'Anfiteatro Flavio*.

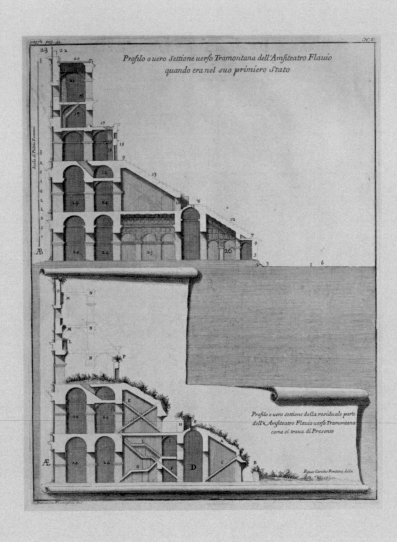

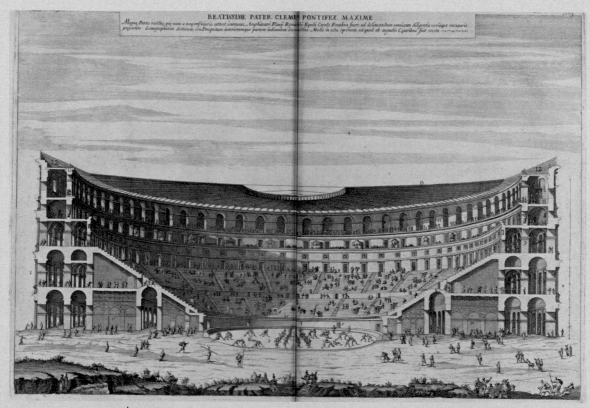

3-15 | 3-16,17

圖3-15　大競技場北側階梯結構圖，上圖為原始樣貌，下圖則是17世紀末的保存情況。

圖3-16,17　大競技場於古典時代的復原圖，利用剖面圖可更清楚地表現出內部空
　　　　　間概況與尺寸比例。

原圖皆出自：Fontana, *L'Anfiteatro Flavio.*

還有諸如大競技場在古典時代的座位分區方式、遮陽設備、引水設備等實際使用方式的細節（圖3-18、圖3-19）。

　　從第四、五章起，卡洛・豐塔納將大競技場的故事拉到基督宗教的脈絡上，一一列舉在此殉難的信徒，並提及1675年時，曾在場內施作的簡易改造：

> 在此原則下，象徵羅馬帝國強盛繁榮的大競技場，因為曾有大量殉難者的鮮血灑落至此而更顯尊貴。我們對其獻上無比敬意，彷如基督徒們面對其他教堂時的心境……在教宗克萊門十世時期，也就是在1675年的大赦年，持續消除該地的異教色彩，豎立神聖的十字架，並以碑文彰顯基督宗教的勝利、喚起信仰，使人記住該地的神聖過往，以及殉難者的堅強。[2]

　　卡洛・豐塔納接著回到本書出發點，提出全面性改造計畫。他保留大競技場的橢圓形輪廓，在長邊頂點處，建造一棟平面布局近乎圓形的教堂。朝聖者先經過大競技場既有的層層拱形空間後，進入整修成廣場的內部空間，最後視野會因為兩側結構而望向新教堂立面。這項計畫同步結合了羅馬城的新舊歷史，進而孕育出一個嶄新地標，凡此種種，與前幾任教宗改造古蹟、以契合當代精神的做法不謀而合（圖3-20、圖3-21、圖3-22）。

　　可以合理推想，卡洛・豐塔納出版《弗拉維大劇場》的動機，就許多方面來看也是為了炫耀自己作為一名建築師、所具備的專業

2　Carlo Fontana, *L'Anfiteatro Flavio*, p. 157.

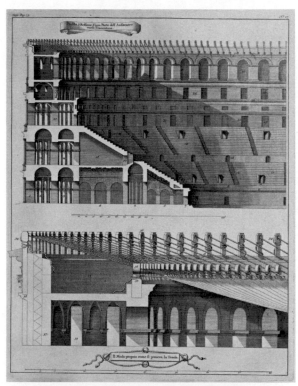

知識與測繪技能。如不然，他大可不必花費太多心思研究大競技場的過去，並根據現場測繪情況還原原始風采，這些顯然與改造計畫沒有必然關係。以一本關於羅馬城內建築的著作來看，《弗拉維大劇場》絕對是非常有野心的作品，可以是一本建築學教學手冊、也能是一本參訪者的導覽圖鑑。雖僅僅是聚焦在單一建物上，卻因卡洛・豐塔納的獨特手法，翻閱起來意外充滿關於羅馬城的歷史底蘊。而卡洛・豐塔納在1694年出版的《梵蒂岡殿堂及其起源》也是如此。兩部作品有著同樣

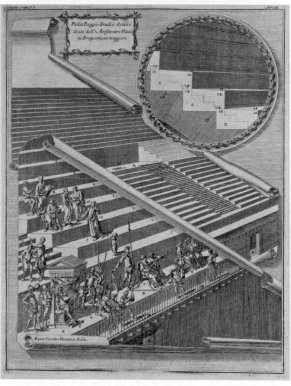

3-18
3-19
圖3-18　大競技場遮陽設備復原後圖說。
圖3-19　大競技場階梯復原後圖說。
原圖皆出自：Fontana, *L'Anfiteatro Flavio*.

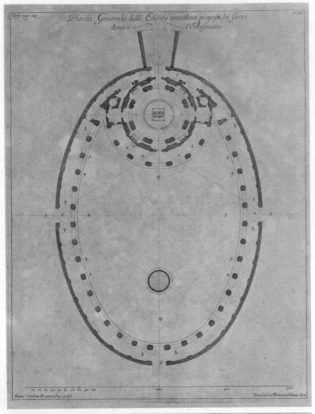

的風格，但討論的主題性質
卻截然不同，一個是古典時
代的異教神殿，另一個則是
文藝復興以來的基督宗教建
築。不知是否是卡洛・豐塔
納的刻意為之，將《弗拉維
大劇場》和《梵蒂岡殿堂及
其起源》放在一起時，著實
已將羅馬城相互對應的雙元
性質囊括在內，突顯出這兩
部作品的非凡之處。

　　《梵蒂岡殿堂及其起
源》的編排結構與《弗拉維
大劇場》一模一樣。全書率
先討論聖彼得大教堂和梵蒂
岡於古典時期的樣貌，讓讀

3-20
―――
3-21

圖3-20　卡洛・豐塔納計畫在大競
　　　　技場內興建的教堂平面
　　　　圖，北方在左。他利用大
　　　　競技場的內部橢圓空間，
　　　　在東側頂點處設計教堂。
圖3-21　承上圖，新教堂的立面外
　　　　觀，典型的希臘十字式建
　　　　築。
原圖皆出自：Fontana, *L'Anfiteatro
　　　　Flavio.*

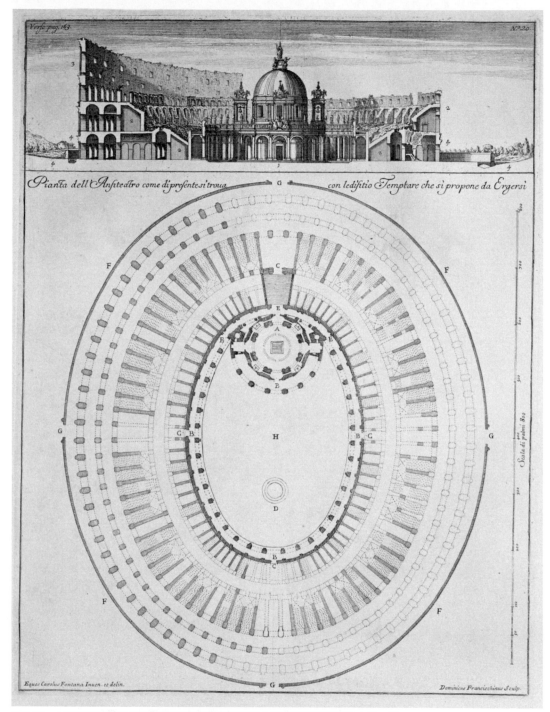

圖3-22　大競技場改造計畫的完整立面景觀與平面圖。這張設計圖顯示出卡洛・豐
　　　　塔納的改造計畫，建立在相當扎實的現地測繪上。
原圖出自：Fontana, *L'Anfiteatro Flavio*.

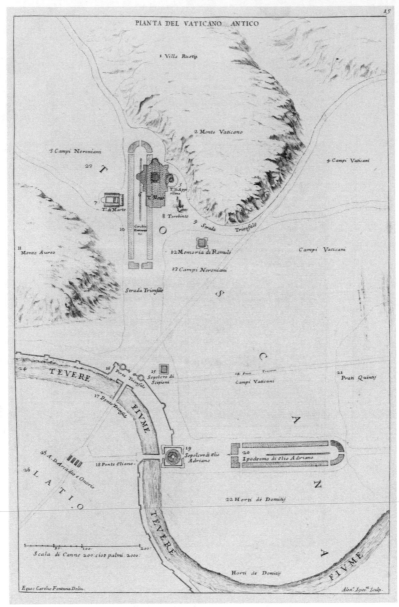

圖3-23　梵蒂岡地區在古典羅馬時代的樣貌。左上角的長方形淺色平面圖為尼祿賽
　　　　馬場；賽馬場右側的深色平面圖為17世紀重建完畢的新聖彼得大教堂。
原圖出自：Carlo Fontana, *Il Tempio Vaticano e Sua Origine* (Roma: 1694).

者可先了解基本歷史地理背景，性質上有點類似前言。因此，第一
章的版畫也以地圖、平面圖或古典樣貌復原圖為主，特別是當地的
大賽馬場。除了因為該建築是當地為數不多的大型公共設施，這座
賽馬場的方尖碑，未來亦將成為眾人參訪聖彼得大教堂時，往往會
順道參觀的知名地標（圖3-23、圖3-24、圖3-25、圖3-26）。

　　第二章介紹聖彼得大教堂的舊貌，也就是在君士坦丁時期興建
的初始樣貌。在此，卡洛・豐塔納展現出他身為一位建築師應該具
備的知識與技能。其中一張平面圖的最左側，放著古典時代賽馬場

圖3-24　古羅馬尼祿賽馬場的復原樣貌，畫面左側的山丘，日後成為宗座宮殿及花
　　　　園的基地。
原圖出自：Fontana, *Il Tempio Vaticano e Sua Origine.*

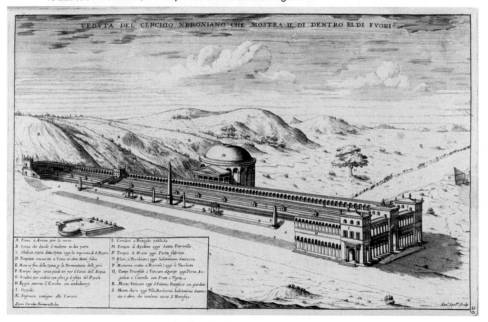

平面，往右一點線條較深的建築平面，即為舊聖彼得大教堂，上面標示著拉丁字母或數字，意在與他頁的標註相互對照，使讀者可辨識原先建築空間或重要宗教物件。幾乎與舊教堂重疊，顏色最淺的平面圖，為16世紀重建的新聖彼得大教堂（圖3-27）。該章其他版畫也富含趣味和美感，比如採用剖面視野的舊教堂復原圖，一眼便能看出拉丁十字式教堂獨有的狹長中央走道（圖3-28）；另一張版畫設定在16世紀末，左側是興建中的新教堂，右側有一大群尚未完全拆除的舊教堂遺構，在兩者交會處前方，則是尚未搬遷的方尖碑（圖3-29）。

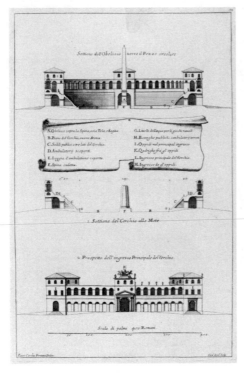

回顧過往後，卡洛·豐塔納將視野拉回現代發展，第三章主要呈現聖彼得大教堂、以及參訪者時第一眼會看到的方尖碑。特別的是，該章節許多版畫的構圖相當類似多門尼科·豐塔納（Domenico Fontana, 1543-1607）在半世紀前發表的作品；換言

圖3-25　尼祿賽馬場剖面圖，編碼A的方尖碑在16世紀末搬移到聖彼得大教堂正前方，成為當地視覺地標。
原圖出自：Fontana, *Il Tempio Vaticano e Sua Origine*.

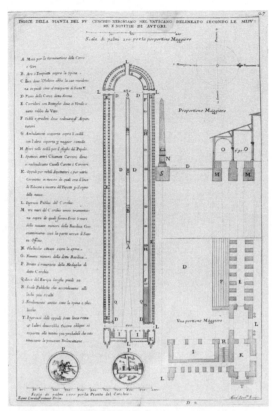

之，卡洛・豐塔納在此大量借用前
人之作，稍加調整、修飾一些細節
處後而成（或許是他有意向這位同
姓氏的知名前輩致敬）（圖3-30、
圖3-31、圖3-32）。除此之外，卡
洛・豐塔納還是加入了不少全新版
畫。比如結尾處跨頁大圖，再現
1586年時，將方尖碑從舊地點拉到
新地點時的盛況。只見一圈木柵欄
圍住一大片空地，外圍有一群人聚
集觀看。柵欄內，則有數百人和眾
多馬匹，有秩序地分散在轉盤周
圍，與之連結的繩索則牽引到大型
木鷹架，待定位後，就地抬升方尖
碑，豎立在新基座上（圖3-33）。

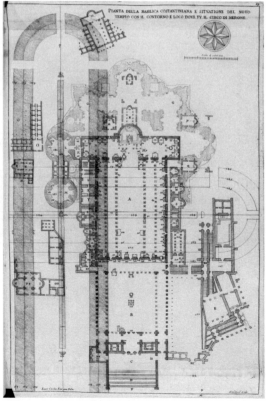

3-26
3-27

圖3-26　尼祿賽馬場平面圖。
圖3-27　卡洛・豐塔納將梵蒂岡地區三個个
　　　　同時代的重要建物集結在一起，分
　　　　別是：尼祿賽馬場（最左側，古典
　　　　時代）、舊聖彼得大教堂（中間深
　　　　色平面圖，中世紀早期）、新聖彼
　　　　得大教堂（中間淺色平面圖，17
　　　　世紀）。這三棟建築具體而微地反
　　　　應梵蒂岡地區及羅馬城的發展史。
　　　　原圖皆出自：Fontana, *Il Tempio Vaticano
　　　　e Sua Origine.*

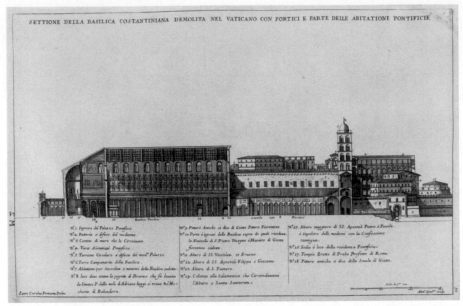

圖3-28　舊聖彼得大教堂側向剖面圖，參訪者爬上階梯後（畫面右側），會先經過半開放的迴廊
空間，再進入教堂本體。
原圖出自：Fontana, *Il Tempio Vaticano e Sua Origine.*

圖3-29　新聖彼得大教堂側向景觀圖。依據興建中的穹頂、尚未移動的方尖碑，以及新教堂前方
仍殘留教堂遺構等元素來看，該圖時間點設定在16世紀末葉。與圖3-28可相互對照。
原圖出自：Fontana, *Il Tempio Vaticano e Sua Origine.*

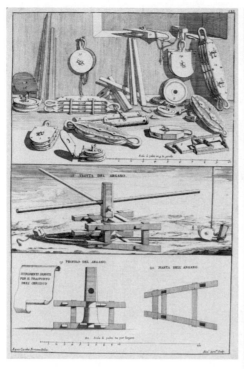

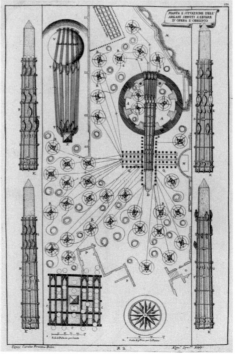

3-30 | 3-31
　　　 | 3-32

圖3-30　自西元1585年起，教宗西斯圖斯五世啟
　　　　動搬移方尖碑的計畫，該圖記錄當年使用
　　　　的器械。各式滑輪工具（圖片上方）組裝
　　　　在方尖碑或鷹架上，利用繩索連接轉盤
　　　　（圖片下方）。

圖3-31　搬遷梵蒂岡方尖碑時的實際情況，在方
　　　　尖碑四周架設大型鷹架，組裝圖3-30
　　　　的各項工具，再利用人力及獸力移動方
　　　　尖碑。

圖3-32　1586年搬移方尖碑工程實況平面圖。圖
　　　　像兩側的方尖碑展示滑輪如何藉由金屬
　　　　外框固定在上，並用來連結地面各處的
　　　　轉盤。

原圖皆出自：Fontana, *Il Tempio Vaticano e Sua
　　　　　Origine.*

最後，一根歷史悠久且巨大的方尖碑終於豎立廣場正中央，引人駐足觀賞（圖3-34）。

　　第四章，卡洛・豐塔納將目光聚焦在聖彼得廣場。一如既往，除了平面圖、剖面圖及立面圖，亦有針對四周廊柱的細節處（圖3-35、圖3-36）。透過這些圖像，卡洛再現貝尼尼設計的橢圓迴廊，是如何界定廣場的基本空間，再以方尖碑為中心點，導引眾人視野往教堂方向看去。考量到聖彼得廣場是不久前才完成的工程，卡洛・豐塔納大概是世界上第一位以圖文並茂方式，精確介紹該廣場的建築師。但這個章節的內容遠不僅止於此，除了相當讚許貝尼尼的設計，也認為還有更多可以修改的空間。

　　卡洛・豐塔納承襲了貝尼尼的原始設計，建議從東側開口處繼續打造兩條筆直但不平行的廊柱，與現有結構結合後，形成東窄西寬的梯型輪廓，試圖利用透視原理塑造更為驚人的視覺景觀（圖3-37）。依據圖示，聖彼得大教堂後方（西側區域）另將整闢成巨大廣場，周圍還有沿著廣場輪廓形成的大道。而最關鍵的教堂東側入口處，除了前述迴廊，更往東邊的街區輪廓，亦需一同配合新軸線，直到河岸旁的聖天使堡。卡洛・豐塔納的構思毫無疑問已擴及到都市計畫的層級，如果當年真能依計畫實現，將大幅度改造梵蒂岡的樣貌（圖3-38）。

　　第五章是最後的主要章節，意在介紹新聖彼得大教堂本身。該章依序講解新教堂的簡史、教堂的入口處、穹頂及其四周附屬空間，對一般讀者來說，算得上是最具參考價值的章節。除了在一開頭提供的精美圖像，亦收錄大量關於內部壁龕、小禮拜堂的實用資訊，或是精美的建築測繪圖，行文中更不時提供相關測量數據（圖3-39、圖3-40、圖3-41、圖3-42）。

圖3-33　梵蒂岡方尖碑原本在聖彼得大教堂南側，此為從舊地點搬移至新教堂廣場的情況。因為地平有高
　　　　低落差，還需設置專用坡道，將方尖碑慢慢遷移到新地點。為避免任何意外發生，一般觀眾僅能
　　　　在柵欄外的遠處觀看，即便如此，當年依舊吸引大批人潮圍觀。
原圖出自：Fontana, *Il Tempio Vaticano e Sua Origine*.

圖3-34　位於聖彼得廣場上的梵蒂岡方尖碑，背後是已完成的廊柱。
原圖出自：Fontana, *Il Tempio Vaticano e Sua Origine.*

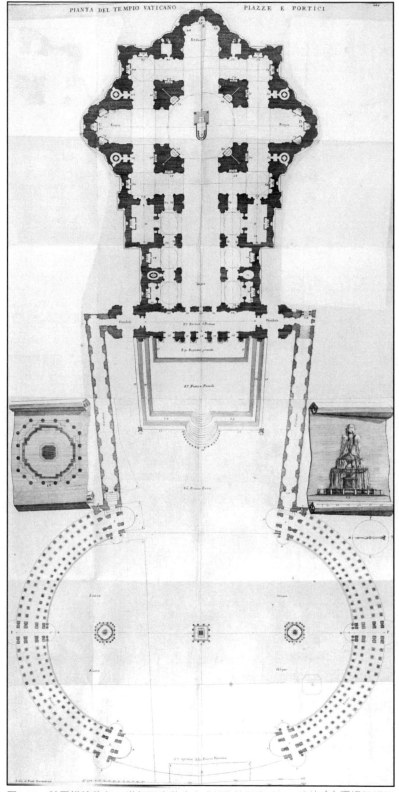

圖3-35　該圖描繪著在17世紀下半葉才完成的聖彼得廣場，可清楚看出廣場軸線與
　　　　大教堂軸線彼此交會的情況。
原圖出自：Fontana, *Il Tempio Vaticano e Sua Origine.*

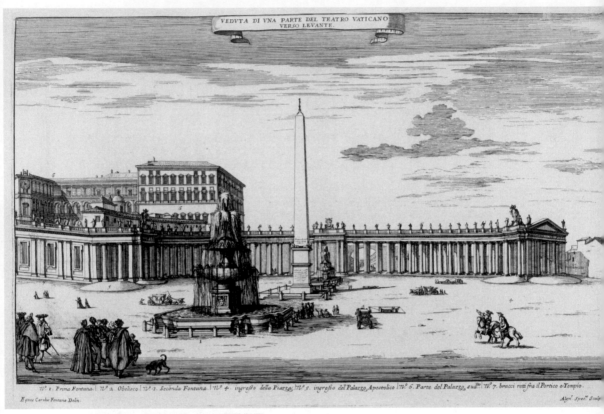

圖3-36　聖彼得廣場的側面景觀圖。
原圖出自：Fontana, *Il Tempio Vaticano e Sua Origine*.

　　要適切地評價《弗拉維大劇場》和《梵蒂岡殿堂及其起源》這
兩部作品並不容易。單就題目來看，卡洛・豐塔納只想要討論單一
標的物，但實際閱讀後不難發現，他實則想藉此討論羅馬城市史上
的些許重要時刻，包括了某個不知能否實現的未來發展。如同前

述，如果我們認定這兩部作品只是單純的建築專論，就會過於簡化卡洛・豐塔納的創作背景。他就如同那個時代的典型建築師，既自豪於自己的專業知識，卻又充滿人文精神地探究羅馬的過去與未來。

宏觀來看，從拉斐爾開始，再經過帕拉迪歐、塞利奧，最後到卡洛・豐塔納，可明顯看出在他們心中，羅馬城的一切，無論蘊含的是千年歷史，抑或是基督宗教的偉大勝利，都值得以最嚴謹態度加以研究、考證。他們當然並未放棄羅馬城的奇聞軼事，感興趣的地方更是不盡相同，如同拉斐爾建議教宗以保護古蹟為手段，爭取更大政治權威；塞利奧試圖借用城內古蹟，討論古典建築知識及其再利用；卡洛・豐塔納著重於如何利用既有元素，將羅馬打造成基督宗教世界的首善之都。但無論出發點為何，都在實證精神的指引下，試著親臨現場測繪、努力比對各種說法的差異，使其成果跳脫意象式的紀錄及前人謬誤，令這座世界劇場確實變得越來越具體清楚。

有許多跡象可以證明，這些建築師在整理他們的研究成果時，也想著如何盡可能地擴大閱讀群眾。如塞利奧以地方方言進行創作；卡洛・豐塔納更是特別，《弗拉維大劇場》以方言為主，而《梵諦岡殿堂及其起源》則並列拉丁文和方言。他們的成果固然有相當程度的學術氣息，卻也從未將讀者侷限在少數人身上；再加上大量運用的版畫，得以簡化文字敘述，許多細節最終依賴讀者對視覺圖像的理解上。正是因為各種嘗試，羅馬城的描繪才能更加多元豐富，甚至還能從中構思未來的可能發展。簡言之，眾多旅人皆得以從上作品，獲得越來越可靠的參考資訊，無論品質或數量，都遠超過中世紀的水準。

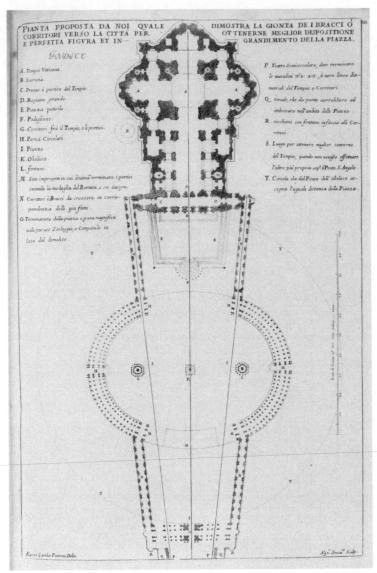

圖3-37　卡洛・豐塔納計畫在貝尼尼的基礎上，擴大廣場空間範圍。具體來
　　　　說，他利用既有的空間軸線，在開口處向外延伸兩條廊道，強化既有
　　　　的透視效果。
原圖出自：Fontana, *Il Tempio Vaticano e Sua Origine.*

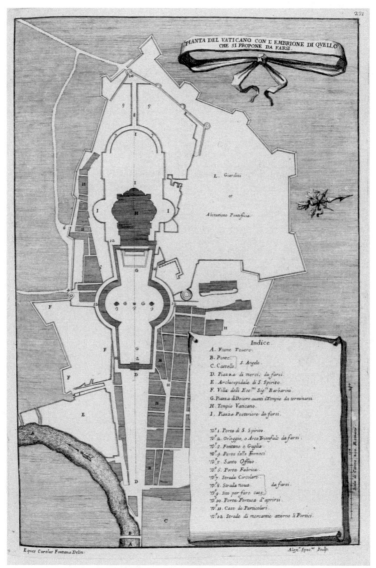

圖3-38　承上圖，除了增建廊道，就連廣場外的街廓都需一併配合新軸線的規
　　　　劃，使觀者一跨越台伯河，便能直接看到廣場及教堂。
原圖出自：Fontana, *Il Tempio Vaticano e Sua Origine.*

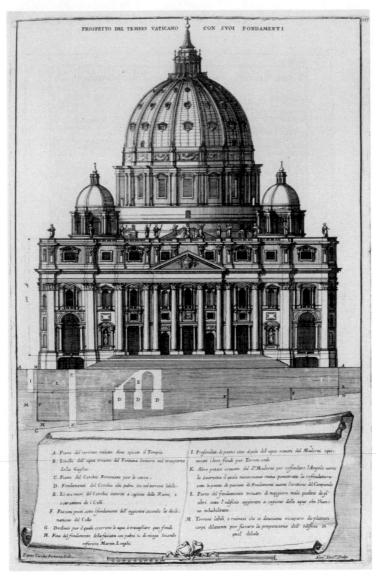

圖3-39　新聖彼得大教堂的立面外觀。因為視角限制，遊客在一般情況下，其
　　　　實不會看到如此清楚的穹頂。
原圖出自：Fontana, *Il Tempio Vaticano e Sua Origine.*

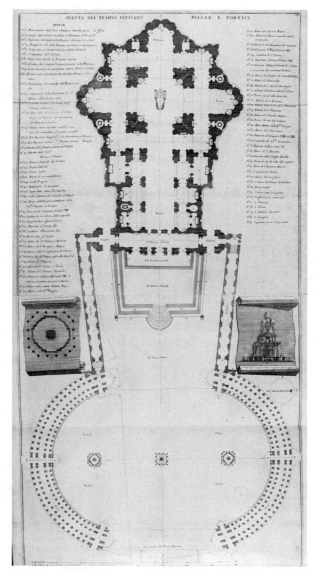

圖3-40　聖彼得大教堂平面圖，兩側輔以文字說明，介紹教堂
　　　　內的重要聖壇和藝術作品，此前鮮見如此清楚完整的
　　　　相關資料。

原圖出自：Fontana, *Il Tempio Vaticano e Sua Origine*.

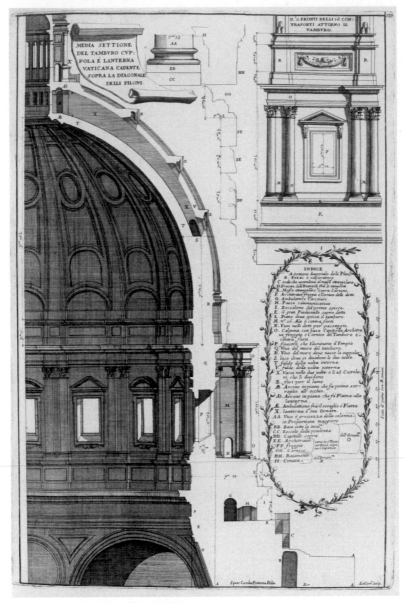

圖3-41　聖彼得大教堂穹頂的剖面圖。
原圖出自：Fontana, *Il Tempio Vaticano e Sua Origine*.

　　然而，專業建築師從未壟斷介紹、詮釋羅馬城市風貌的工作。
還有一批順應時代的出版商和作家也一同觀察羅馬，並試著向社會
大眾分享見聞。他們同樣大量運用方言與版畫爭取讀者目光，卻相
對少了學術嚴謹性，論述方向也不甚明確。不過這也意味著，有時
閱讀起來更加有趣。

圖3-42　聖彼得大教堂及其廣場剖面圖。
原圖出自：Fontana, *Il Tempio Vaticano e Sua Origine.*

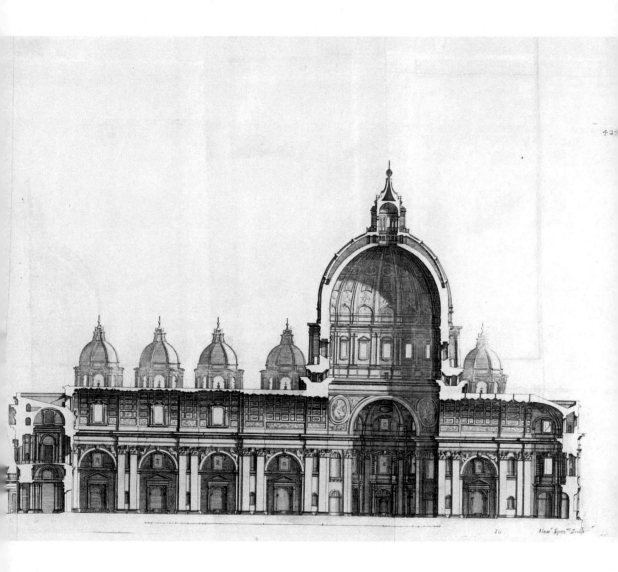

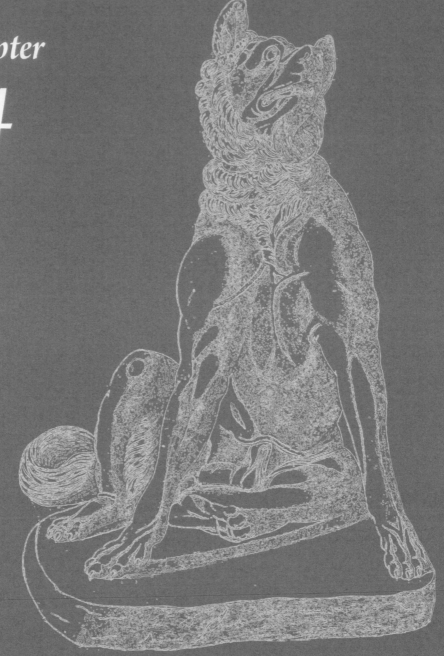

Chapter
4

加入版畫：
近代歐洲的導覽指引

I.

新時代的嘗試

正當文藝復興建築師探索觀看羅馬城的新方式時，對市場需求極度敏銳的出版商當然也注意到這股趨勢。商業化的市場、印刷術的革新，以及日漸豐富的學術研究，種種外在條件都恰好在16世紀臻至成熟，使眾多出版商得以出版各式各樣別具巧思的導覽指引。不得不說，就許多方面來看，他們的基本精神與建築師們相當一致，也就是在全面性、真實性、資訊視覺圖像化的前提下，使羅馬城的現況更廣為人知。但或許是少了身為專業建築師的身分限制，出版商更勇於嘗試不同類型的作品；有些別具巧思，有些則是結合各部作品的縫合怪。無論是哪一種，都可以隱約感受到一個越來越旺盛的出版市場。這些導覽指引的地圖或許不夠精緻、論述方式也不甚嚴謹，卻毫無疑問地豐富了這個有悠久歷史的文化活動。

「羅馬城市地圖」是近代導覽指引的常見主題。最早嘗試這麼做的阿爾貝蒂（Leon Battista Alberti, 1404-1472），在《關於羅馬城的描繪》（*Descriptio Urbis Romae*）利用精確的數學算式，將羅馬放在一個有角度、方位的圓形輪廓中，卡彼托林廣場正好對應城市中心點。據此，每個建築地標都會有相當清楚的點位。阿爾貝蒂

承襲中世紀慣用的幾何造型之餘，又借助數學精確性，使其有學理上的合理性。隨後，阿博提尼（Francesco Albertini, c. 1469-1510）的《古今羅馬奇景的討論》（*Opusculum de Miribilibus Novae et Veteris Urbis Romae*）顯然受到阿爾貝蒂的啟發，將卡彼托林山放在全書正中央，前後章節的頁數剛好一致，整部作品帶有一點幾何上的對稱美感。

　　卡沃（Marco Fabio Calvo, c. 1440-1527）於1532年出版的《古羅馬城及部分區域的圖像》（*Antiquae Vrbis Romae cum Regionibus Simulachrum*），試著將幾何式的羅馬城市形象，化為圖像供人翻閱。本書依照時間先後順序，展示一連串的羅馬城市地圖。第一張設定在羅馬建城後不久，城牆僅能圍住四座山丘，從12點鐘順時鐘方向分別是帕拉提諾山、亞維提諾山、卡彼托林山，以及艾斯奎利諾山（圖4-1）。第二張，羅馬城市範圍大幅擴大，卡彼托林山位於八角形城牆最正下方（圖4-2）；第三張則是西元1世紀左右的羅馬，只見一個圓形城牆內，以圓柱為中心，均分成16個區域，代表當時的行政劃分（圖4-3）；最後一張羅馬全景式地圖，依然以圓形城牆為主，但「相對符合」實際地貌，北方（septentrio）在右，台伯河貫穿城市西側而過（圖4-4、圖4-5）。後續章節以城內各區地圖為主，即便以現代眼光來看，其表現手法說得上是創意十足。以羅馬廣場為例，北方在畫面右側，正中央有一條代表主幹道的直線，著名地標井然有序地放置在方框內，一旁再放上說明文字。框與框之間，以成排普通房舍區隔開來，用來再現最低限度的城市意象及地理方位（圖4-6）。

　　這類幾何式地圖雖帶有美學與神學上的特殊意涵，但如果真要實際運用，特別是對那些沒有充裕時間做功課的參訪者來說，實屬

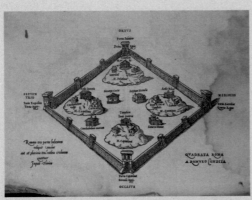
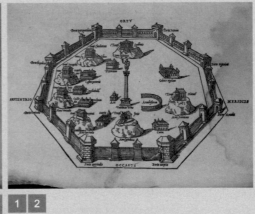
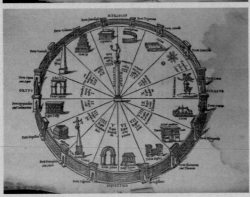

圖4-1,2,3　出自卡沃（Marco Fabio Calvo）的《古羅馬城及部分區域的圖像》（*Antiquae Vrbis Romae cum Regionibus Simulachrum*），三張地圖分別代表不同時期的羅馬城。卡沃並不以「寫實性」為出發點，而是採用中世紀以來的手法，利用幾何輪廓及簡化造型後的地標，以意象手法表現城市發展軌跡。

原圖出自：Marco Fabio Calvo, *Antiquae Vrbis Romae cum Regionibus Simulachrum* (1532).

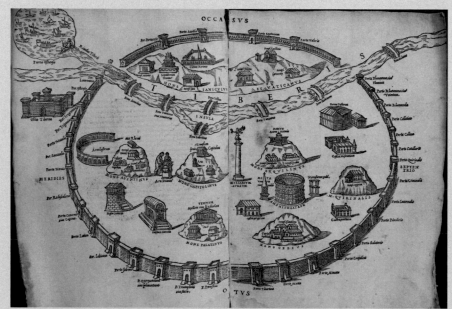

圖4-4,5　同樣由卡沃創造的帝國時期羅馬城市地圖，在完美的圓形城牆內（實際上當然不可能），採用了較為真實的地貌，尤其是台伯河與羅馬城的相對位置及比例。這種與台伯河河道水平的視野，與後來的實景式地圖（如圖1-6）有異曲同工之妙，有利於繪圖者不成比例地放大特定區塊、強調某些城市特色。

原圖出自：Calvo, *Antiquae Vrbis Romae cum Regionibus Simulachrum.*

困難。例如說，就地理現實環境而言，卡彼托林山從來就不是羅馬城中心點，或是位於城市的幾何頂點，根本不可能真的用來定位方位，更別說是還有距離比例失真的問題。在追求精確、實證，以及便捷迅速的時代風潮中，幾何式地圖美感十足，卻也顯得更加脫離現實，終將有其他以實用性為首要考量的地圖取而代之。

　　西元1544年，馬里安諾（Bartolomeo Marliano, 1488-1526）出版了《羅馬城市地貌》（*Vrbis Romae Topographia*）。本書標題採用「地貌」（Topographia）一詞，透露作者以實際地貌為創作標準，前人所設想的完美幾何城市並不存在，一切回歸參訪者的實際情況與需求。

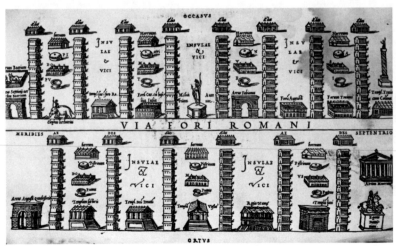

圖4-6　卡沃的羅馬城市導覽路線地圖，以極度簡化後的道路及街廓線條標示各地標。此圖展示的是羅馬廣場。
原圖出自：Calvo, *Antiquae Vrbis Romae cum Regionibus Simulachrum.*

　　《羅馬城市地貌》收錄的地圖，的確有著前人較少著墨的細節。在說明羅馬城的起源時，馬里安諾先是放置兩張補充說明的地圖。第一張為建城不久後的羅馬，圖面上繪製有稜有角的山丘，並以連續的黑色短線表現地勢起伏，城牆也善運用地形優勢，依著卡彼托林山丘的地勢興建而成（圖4-7）；第二張是帝國初期的羅馬，進一步畫出羅馬城內的幾座重要山丘，周圍再環繞圓弧狀城牆（圖4-8）。最後一幅跨頁地圖，展示羅馬城在古典時代最為開闊的情況，城牆已與16世紀時的情況並無太大差異；馬里安諾還在重要建築處放置平面圖並標示名稱，配合顯著線條所拉出的道路系統，以及寫實地貌，讓讀者更容易進入繁華的古典羅馬城（圖4-9、圖4-10）。

　　《羅馬城市地貌》後續四章，則是四段遊歷羅馬的建議路線。過程中，馬里安諾試著為各景點放上相對應的版畫，有些屬於古蹟原貌，有些是建物平面圖或剖面圖，其他還有古典時代的著名雕像。這些版畫很有可能並非馬里安諾原創，不僅前後風格差異過大，部分平面圖更高度相似塞利奧的早先成果；比較有可能的情況是，馬里安諾除了地圖，其餘皆是借用自他人既有作品（圖4-11、圖4-12、圖4-13、圖4-14、圖4-15、圖4-16）。

　　《羅馬城市地貌》算不上是原創性高的成熟之作，篇幅內容有限，圖像使用也僅止於點綴式，整部書翻閱起來有濃厚的實驗性質。但也是藉由本書，馬里安諾向世人宣告，平易近人的城市導覽也可搭配寫實精緻的版畫，提供讀者實際所需、更為直觀明確的訊息。奠基在同樣精神上的作品當然不只《羅馬城市地貌》，接下來的羅馬城市導覽指引，將持續在內容及表現手法有更多劃時代的嘗試。

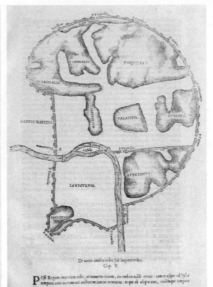

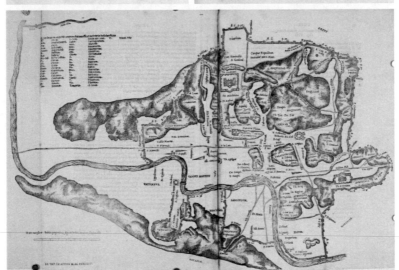

圖4-7,8 出自馬里安諾（Bartolomeo Marliano）的《羅馬城市地貌》
（*Vrbis Romae Topographia*），許多細節比起卡沃的地圖（圖
4-1~4-5）寫實許多，特別是城牆外觀與山丘表現方式。

圖4-9 馬里安諾繪製的帝國時期羅馬城市地圖，依據實際地形地貌與
城市脈絡繪製而成。16世紀當時的讀者基本上可以該圖踏訪羅
馬城，親身體驗數世紀以來的變化。

原圖出自：Bartolomeo Marliano, *Vrbis Romae Topographia* (1544).

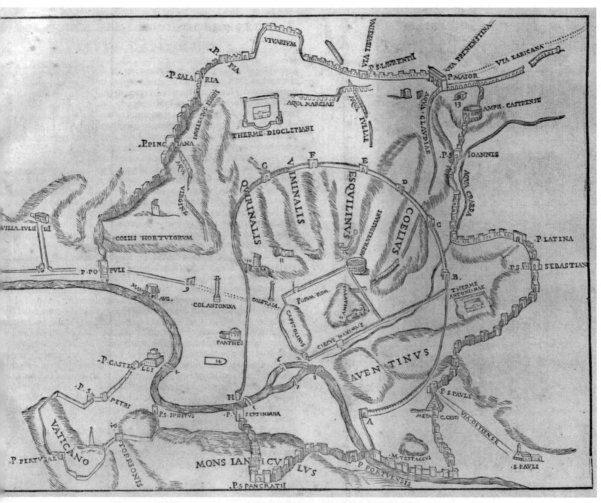

圖4-10　將圖4-7、4-8、4-9合併後的地圖，表現羅馬城的擴張史。
原圖出自：Marliano, *Vrbis Romae Topographia*.

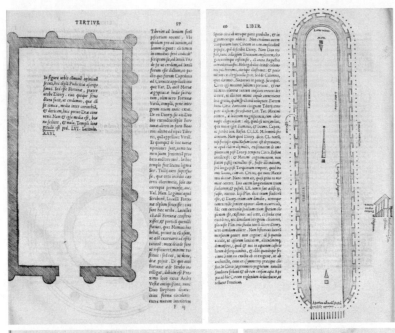

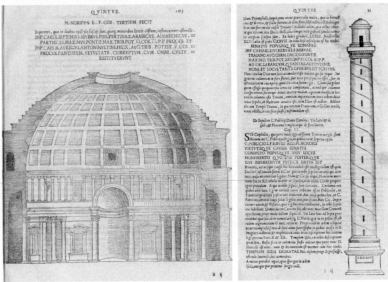

圖4-11~14　《羅馬城市地貌》收錄的古蹟版畫。該書的圖像風格差異甚大，應該
　　　　　並非馬里安諾原創，而是取用自不同出版物既有的版畫。
原圖出自：Marliano, *Vrbis Romae Topographia*.

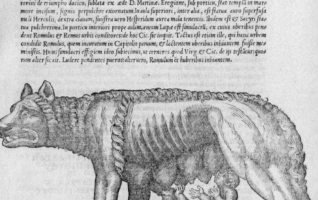

圖4-15,16　《羅馬城市地貌》一書收錄的古典雕像版畫，應該也並非馬里安諾原創。
原圖出自：Marliano, *Vrbis Romae Topographia*.

　　伽姆齊（Bernardo Gamucci）於1565年完成的《羅馬城內古建築》（*Libri Quattro dell'Antichita della Citta di Roma*），就是個相當有趣的代表作。該書有不少明顯優於《羅馬城市地貌》的地方，例如採用更容易讓廣大讀者群閱讀的方言，或是比起過往預留更多版面空間以利閱讀。內容上，《羅馬城內古建築》依舊將羅馬城分成四條導覽路線，品質與數量上卻進步許多。但比起文字內容，特別挑選製作的諸多版畫，更是理應大書特書之處。

　　為了此書版畫，伽姆齊特別取用當代著名藝術家多西（Giovanni Antonio Dosi, 1533-1611）的羅馬城市景觀草圖。因而，《羅馬城內古建築》的版畫不僅有建物外觀，周圍環境如破舊小屋、路上漫步的行人也在其中；在讀者眼中，這顯然更接近實際所見。針對這些版畫，伽姆齊相當自豪地強調，讀者所見即為這些古典建築的現況，哪怕早已因前人破壞而顯得殘破不堪。這也就是為何，當伽姆齊在書的副標題說到資料來源為「擷取自古代和現代作者的資訊」[1]後，隨即說到「以新模式忠實再現整修過後的現代精美外貌」[2]。

　　《羅馬城內古建築》的版畫還有一個頗為重要的創新之處：以數字或拉丁字母標示版畫中的重要位置或地標，後面再放上相對應的文字說明。如羅馬廣場的版畫自左邊以字母A開始編碼，直到畫面最右邊的H，共標示8個古蹟建物，隨後是相對應的文字說明（圖4-17）。或是關於塞維魯凱旋門的版畫中，僅有A、B、C三個編碼，與編碼B相應的文字用以描繪頂端浮雕，而A所在位置，對應到拉丁碑文所在區域，碑文另外抄錄於文中；當版畫精細程度尚未到達一定水準，或是版面相當有限時，這種方式更能完整展示細節（圖4-18、圖4-19、圖4-20）。顯而易見的，當人們仍在摸索圖像與文字的相互關係時，伽姆齊的做法相當簡單有效，不僅可保留大量文字資訊，也不至於過度干擾圖像版面的完整性，從而調和了這兩種性質迥異的傳播工具。以至於到了後來，持續有大量作品採用同樣模式，如瓦西的導覽指引系統；直到今日，我們閱讀圖像的習慣未見太大改變。

---

[1]　Bernardo Gamucc, *Libri Quattro dell'Antichita della Citta di Roma* (Venetia: 1565), front cover.

[2]　Gamucci, *Libri Quattro dell'Antichita della Citta di Roma*, front cover.

有趣的是，諸如《羅馬城市地貌》、《羅馬城內古建築》這類
圖文茂的導覽手冊，並非近代羅馬城市導覽的唯一形式。隨著時代
演變，全然以版畫為主的圖冊也漸漸出現於市場中。文藝復興建築
師確實開啟以圖像為重的創作方式，但出版商更大幅度地刪去那些
艱澀文字，盡可能擴大圖片的存在感。因為後者很清楚知道，還有
一大群旅客並不打算花時間慢慢研究，他們只想輕鬆遊歷羅馬，或
是購買值得帶回故鄉的紀念品。這種商業化考量下的產品，最後誕
生了一些令人極為驚豔的成果，足以令以上作品顯得樸素許多。

圖4-17~20　出自伽姆齊（Bernardo Gamucci）的《羅馬城內古建築》（*Libri
　　　　　　Quattro dell'Antichita della Citta di Roma*），用拉丁字母標示特殊地標
　　　　　　或建物上的細節處（如上頭的拉丁碑文），上下文字段落有相對應的
　　　　　　文字說明。這種圖片閱讀習慣，一直沿用到今日。
原圖出自：Bernardo Gamucci, *Libri Quattro dell'Antichita della Citta di Roma* (Venetia:
　　　　　　1565)

2.

《羅馬奇景的光輝》

提到圖冊式導覽指引的發展，就不得不提拉伯柯（Antonio
Labacco, c.1495-1570）在1552年出版的《由安東尼奧‧拉伯柯出
版，關於羅馬城內幾個知名古蹟的外觀》（*Libro D Antonio Labacco
Appartenente a L'Architettvra Nel qval si Figvrano alcvne Notabiri Antiqvita Di
Roma*）。該書封面正中央有一道拱門，由此往內觀看，是古羅馬
遺跡殘骸的風景，拱門旁豎立兩尊古典風格雕像，手上皆拿著專業
的測量尺規（圖4-21）。拉伯柯挑選數個有名建築古蹟，畫下精確
外觀及平面圖，呼應封面所蘊含的精神，可以說，拉斐爾和塞利奧
當年奉守的根本精神，在其他人身上也同等重要。但拉伯柯表現給
讀者的，並非當代人所熟悉的殘破樣貌，而是經過研究且適度想像
後的「原始樣貌」及其細節。拉伯柯的做法，就如同那些試圖在地
圖上重建古羅馬城的研究者，在他們眼中，固然那是個已然消逝的
世界，卻無礙於投入無比熱情細細研究。

當然，依當代所見實際樣貌製作的圖冊，是更為常見的創作
主題，巴蒂斯塔（Giovanni Battista de Cavalieri,1526-1597）在1569年
出版的經典之作《羅馬城內存留至今主要古蹟建物》（*Vrbis Romae*

圖4-21 拉伯柯（Antonio Labacco）的《由安東尼奧・拉伯柯出版，關於羅馬城內幾
　　　個知名古蹟的外觀》（*Libro D Antonio Labacco Appartenente A Architettura
　　　Nel Qual Si Figvrano Alcvne Notabiri Antiqvita Di Roma*）封面，這本版畫集
　　　專門收錄極為精緻的古蹟復原圖，其創作過程也有賴於大量實地考證。復
　　　原古羅馬城及特定古蹟的昔日風華，也是當代導覽指引的常見主題。
原圖出自：Antonio Labacco, *Libro d'Antonio Labacco Appartenente a L'Architettvra
　　　nel qval si Figvrano alcvne Notabili Antiqvita di Roma* (1559).

Aedificiorum Illustrium Quae Supersunt Reliquiae Summa），就是個極為顯著的對照組。書中收錄49張版畫，編排方式並無明確分類邏輯，甚至說是略為雜亂也毫不為過。總體來說，當代建設僅占少數，古蹟現有風貌為其中大宗，該類版畫往往會搭配角度各異、遠近不一的日常生活景象，許多有趣細節供讀者一一挖掘，有幾張甚至可明確看出參訪者正以專業器械測量描繪（圖4-22、圖4-23、圖4-24、圖4-25、圖4-26）。數量占據其次的則為建物剖面圖或立面圖（圖4-27）；數量最少的則是古蹟復原圖，僅有兩張。相關文字介紹放在圖像下方空白處，篇幅比起前面提到的導覽指引簡化許多，僅留下最至關重要的資訊，如誰於何時所建，以及周圍可能還有哪些同樣可特地拜訪的景點。

　　《羅馬城內存留至今主要古蹟建物》的圖像有不少嶄新方法，例如以線條表現光影變化或天氣情況，也試著多方利用透視法營造景深。但也並非毫無缺陷，有些地方因為追求透視效果，使遠景、近景的關係看來略顯怪異，有時更是顯得不甚自然。部分建築物的資訊，更是留下了那個時代常見的錯誤內容，如將君士坦丁集會所誤認為和平神殿。不過以上種種都無礙於讀者從中了解羅馬城市景觀。當許多作品仍將圖像視為文字的補充資訊時，巴蒂斯塔作為一個相對早期的案例告訴眾人，如為了欣賞羅馬，圖像也可以是最直觀的資訊來源。

　　近代歐洲最有名的導覽圖冊，莫過於拉斐里（Antonio Lafreri, 1512-1577）出版的《羅馬奇景的光輝》（*Speculum Romanae Magnificentiae*），其擁有了難以超越的編排彈性，使之能夠更直接回應讀者的需求與喜好，幾乎到了量身打造的程度。從1540年代起，拉斐里便注意到快速擴張的印刷品市場，開始從事相關工作，約30年後出版了個人

圖4-22　出自巴蒂斯塔（Giovanni Battista de Cavalieri）的版畫集《羅馬城內存留至今主要古蹟建物》（*Urbis Romae Aedificiorum Illustrium Quae Supersunt Reliquiae Summa*）。論精緻度而言，與拉伯柯的作品不相上下，但兩者最大差異在於，巴蒂斯塔更專注於古蹟建物於當代可見的現況外觀。
原圖出自：Giovanni Battista de Cavalieri, *Vrbis Romæ Aedificiorum Illustrium* (1569).

圖4-23,24　出自巴蒂斯塔（Giovanni Battista de Cavalieri）的版畫集《羅馬城內存留至今主要古蹟建物》（*Urbis Romae Aedificiorum Illustrium Quae Supersunt Reliquiae Summa*）。

圖4-25　出自巴蒂斯塔（Giovanni Battista de Cavalieri）的版畫集《羅馬城內存留至
今主要古蹟建物》（*Urbis Romae Aedificiorum Illustrium Quae Supersunt
Reliquiae Summa*）。

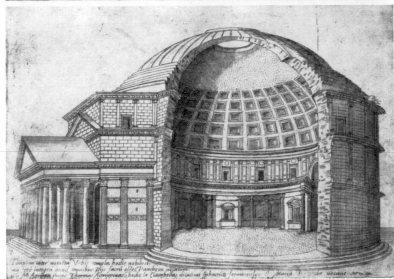

圖4-26,27　出自巴蒂斯塔（Giovanni Battista de Cavalieri）的版畫集《羅馬城內
　　　　　存留至今主要古蹟建物》（*Urbis Romae Aedificiorum Illustrium Quae
　　　　　Supersunt Reliquiae Summa*）。

生涯代表作，也就是《羅馬奇景的光輝》。事實上，拉斐里在早期
便與許多優秀藝術家如杜佩拉克（Étienne Dupérac, c. 1525-1604）、
畢艾特列特（Nicolas Beatriet）等人合作，出版了數張精彩版畫，當
《羅馬奇景的光輝》的出版計畫成形時，這些早先作品便成了相當
優秀的現成內容。

　　《羅馬奇景的光輝》的購買者可自行挑選版畫後，再裝訂成
冊。因而，即便名稱相同，每個人手上的版本都可能不盡相同，況
且，有些購買者還會自行添加內容，使各版本之間打從一開始就難
以追蹤其系譜關係。因為靈活的編排方式，即便是在拉斐里逝世
後，《羅馬奇景的光輝》仍可不斷添加關於羅馬的最新研究成果，
如全新發現的碑文或雕像殘跡；版畫和版畫之間，有時雖僅有微小
差異，背後卻見證當代文獻考證或考古挖掘的重大突破，仍與時俱
進地不斷更新內容。

　　《羅馬奇景的光輝》有極為獨特的編排邏輯，這也代表著雜亂
無章的表現結構，加之如同百科全書式的豐富內容，更讓這股混亂
感有增無減。但或許就是這股混亂感，反而更能精確投射出世人心
目中的羅馬城市形象。如果真要為《羅馬奇景的光輝》的版畫抓出
一個分類模式，大概可以歸結出以下幾項：「地圖」、「建築與相
關地景」、「古蹟復原圖」、「古羅馬歷史故事場景」、「古典與
現代雕像」，以及「其他類」。

　　「地圖」作為一種供人以宏觀視野認識羅馬的創作類別，是
《羅馬奇景的光輝》內最精緻的作品。這些地圖大多保持著當代實
景式地圖的特色，以台伯河為基準線、北方在左（少數在右）的方
式重現羅馬城，因為依照城市現況繪製地圖，也最容易辨識出版畫
問世的先後順序（圖4-28、圖4-29）。而另一種主題式地圖，則是

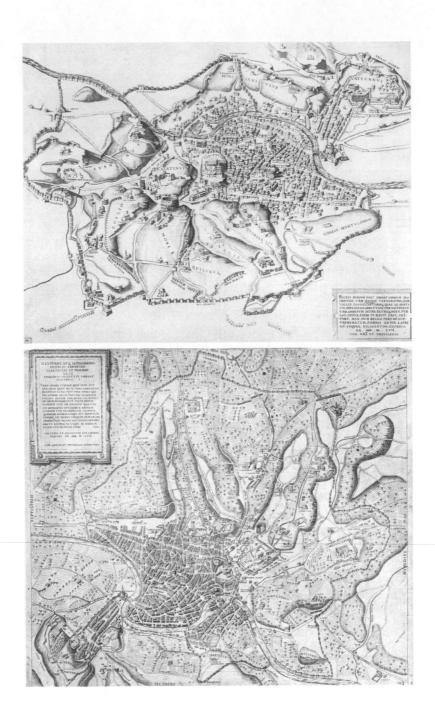

大肆簡化部分訊息後，聚焦在羅馬城的不同樣貌上，以此滿足喜好多變的讀者（圖4-30、圖4-31）。

「建築與相關地景」主題毫不意外的，是《羅馬奇景的光輝》收錄最多的版畫類型。這類作品多半挑選最受歡迎的古代建築如萬神殿、大競技場、卡彼托林廣場，再搭配不同視野角度（圖4-32、圖4-33、圖4-34、圖4-35、圖4-36、圖4-37）。部分版畫更會結合當代城市生活，有聖彼得廣場尚未整修前的樣貌（圖4-38），也有因宗教慶典而施放煙火的聖天使堡（圖4-39）。這類圖像有時也帶有新聞價值，由薩加洛（Antonio Sangallo,1484-1546）設計、帶有哥德風格新聖彼得大教堂之設計便收藏其中（圖4-40）；搬移方尖碑這類當代重要工程，也理所當然地成為版畫主題之一（圖4-41）。

《羅馬奇景的光輝》收錄的「古蹟復原圖」，回應了當代熱衷於復原羅馬古蹟的風潮，觀賞時別具想像空間（圖4-42、圖4-43、圖4-44）。至於「古羅馬歷史故事場景」，相關內容不見得是發生在羅馬城，或與羅馬城發展有必然關係（圖4-45、圖4-46）。但在近代歐洲文化中，羅馬之名也可以代表一個帝國、一個歷史片段，甚至可以是某種文化上的認同感；曾為帝國首都的羅馬城絕對足以承擔這股情感。

圖4-28,29　出自《羅馬奇景的光輝》的羅馬城市地圖。描繪約莫16-17世紀初的景象。這兩幅地圖皆屬於當代常見的實景式地圖。可稍微注意的是，該如何表現城牆外的世界，兩位創作者有截然不同的想法。圖4-28選擇留白（只見到少許的水道遺蹟），圖4-29則畫出外頭的莊園與植栽景觀。這很有可能意味著，圖4-29的創作者並不認為城牆內的世界足以代表羅馬城的全貌。換言之，在16-18世紀的觀看者眼中，羅馬城並沒有一個明確不變的地理界線。
原圖出自：*Speculum Romanae Magnificentiae* (16-17th century).

世界劇場的觀眾：
16-18世紀導覽指引中的羅馬城

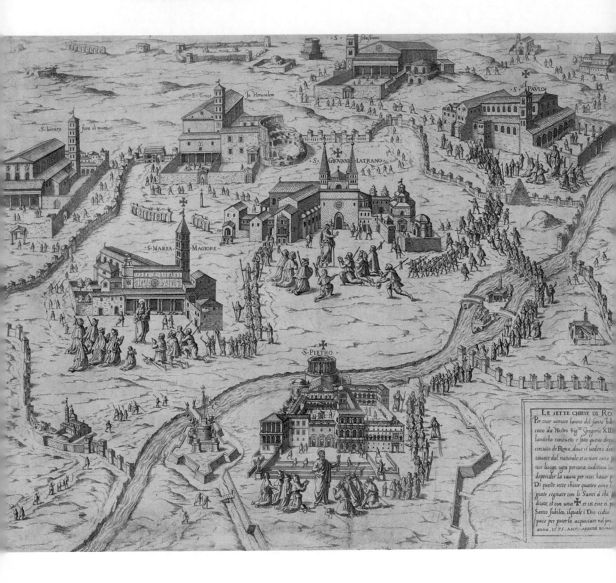

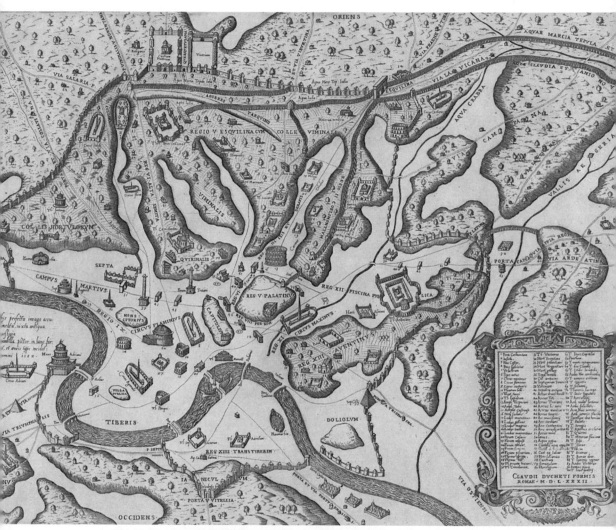

圖4-30,31　除了羅馬城的實景式地圖，《羅馬奇景的光輝》也有一些針對特定主題
　　　　　的地圖。圖4-30展示羅馬城內的7座主要教堂，前方廣場還有聖人迎接
　　　　　各地信徒，帶有相當濃厚的宗教氛圍；至於圖4-31，展示城內著名古蹟
　　　　　的原始風貌。這些在本質上極為不同的地圖，相當能夠說明羅馬城的多
　　　　　重意涵。

原圖出自：*Speculum Romanae Magnificentiae.*

世界劇場的觀眾：
16-18世紀導覽指引中的羅馬城

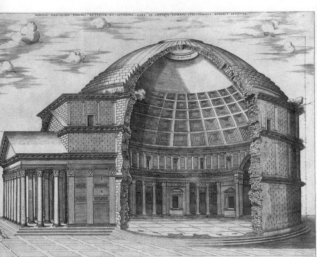

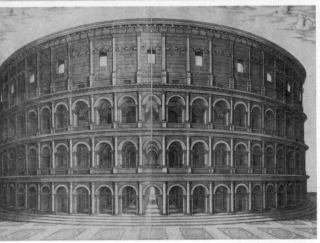

4-32	4-33
4-34	4-35

圖4-32,33　「各處知名地標」是《羅馬奇景的光輝》的一大重要內容，時常搭配不同的角度，甚至是相當程度的復原，這與文藝復興以來，人文主義的實證精神及文獻考證之發展有直接關係。

原圖出自：*Speculum Romanae Magnificentiae*.

圖4-34,35　《羅馬奇景的光輝》中的「各處知名地標」。

圖4-36,37 卡比托林廣場整修前後的版畫。在文藝復興以前，該處已有著中世紀留下
來的官廳，後來米開朗基羅（Michelangelo di Lodovico Buonarroti Simoni,
1475-1564）規劃城以奧里略騎馬像為中心、左右兩側絕對對稱的公共空
間，可說是文藝復興時代廣場規劃的代表作。《羅馬奇景的光輝》收錄不
少此類可對比前後轉變的版畫，相當具有歷史價值。
原圖出自：*Speculum Romanae Magnificentiae*.

世界劇場的觀眾：
16-18世紀導覽指引中的羅馬城

圖4-38　這張版畫保留了聖彼得廣場整修前的風貌。廣場正中央是16世紀末葉搬遷
　　　　的方尖碑。大教堂立面仍是米開朗基羅的原始設計，後來教堂增建，失去
　　　　了以大穹頂為主角的視覺效果。廣場基本上延續了中世紀以來的樣貌，與
　　　　貝尼尼後來的設計相比混亂許多。
原圖出自：*Speculum Romanae Magnificentiae.*

圖4-39　《羅馬奇景的光輝》的版畫也記錄一些羅馬城內的特殊活動。在特殊節日
　　　　於聖天使堡施放盛大煙火，在大旅遊時代是羅馬城內的著名活動。
原圖出自：*Speculum Romanae Magnificentiae.*

PAVLI III PONT MAX
LIBERALITATI
DICATVM

CVM GRATIA ET PRIVILEGIO

圖4-40　由文藝復興建築師薩加洛（Antonio da San Gallo, 1484-1546）設計的聖
　　　　彼得大教堂立面圖。從16世紀初開始重建的聖彼得大教堂，途中歷經多次
　　　　變更設計。最後，由米開朗基羅推翻薩加洛的設計，捨去繁瑣的細節，造
　　　　就今日所見，更為簡潔有力的外觀。這類重要事件，也收錄在《羅馬奇景
　　　　的光輝》中。

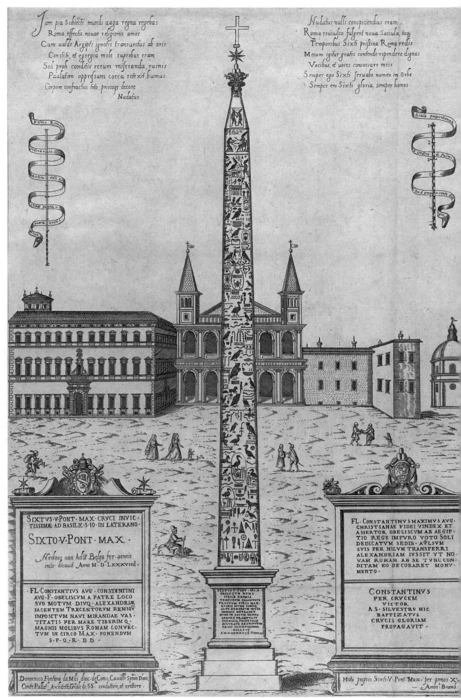

圖4-41　16世紀以來搬移的方尖碑之一，位於聖若望大殿北側。這座方
　　　　尖碑見證了歐洲技術史、城市規劃史等各方面的重大突破。對
　　　　於大旅遊時代的旅人而言，也是重要參訪地標。
原圖皆山白：*Speculum Romanae Magnificentiae.*

MAVSOLEI AB AVGVSTO IMP·SIBI POSTERISQ·SVIS ROMAE EXTRVCTI·CVIVS RVI:
NAE PROPE AEDEM·D·ROCHI EXTANT·ACCVRATISS·DELINEATIO·À STEPHANO DV
PER AC PARISIENSI DESCRIPTA:·

Romæ imprimas Antony Lafrÿ. 1575.

圖4-42　《羅馬奇景的光輝》收錄的古蹟復原圖，其依序分別是奧古斯都陵
　　　　墓、台伯河島及戴克里先大浴場。諸如此類的復原圖像，亦為當代導
　　　　覽指引的常見主題。
原圖出自：*Speculum Romanae Magnificentiae.*

136

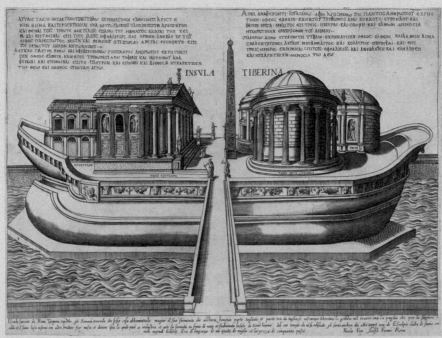

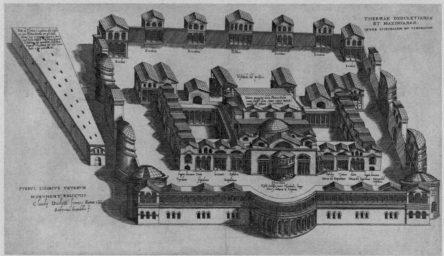

圖4-43,44　《羅馬奇景的光輝》收錄的古蹟復原圖，台伯河島以及戴克里先大浴場。

Sumptum ex fragmentis antiquitatum (Romae.

ANT·LAFRERII·ROMAE

Sumptum ex fragmentis antiquitatum (Romae.

ANT·LAFRERII·FORMIS

圖4-45,46　模擬羅馬軍隊打仗的圖像，使
　　　　　《羅馬奇景的光輝》這本導覽圖
　　　　　冊不再只是單純以羅馬城為主，
　　　　　而是將範圍擴大到以羅馬為主的
　　　　　百科全書式圖集。
原圖出自：*Speculum Romanae Magnificentiae.*

「古代與現代雕像」版畫，展演那些盛名遠播、收藏於羅馬的古代雕像。在當時，這些雕像如同那些古老遺蹟，也對歐洲藝文發展帶來莫大啟發。這類版畫間接證明了，羅馬城內能夠吸引眾人目光的可不是只有古蹟建物（圖4-47、圖4-48、圖4-49、圖4-50）。至於歸類在「其他類」的版畫相當多元，如建築細節圖、古埃及雕像或教宗陵墓，可能與收藏者的興趣、知識背景及喜好相關（圖4-51、圖4-52）。當然也可能是出版商想增加分量與內容，甚或是追求一點娛樂性時，選擇放入的東西。

與同時代的諸多導覽圖冊相比，《羅馬奇景的光輝》的內容極為豐富，真要細細研究，大概足以完成一部極為厚重的論著。讀者可在其中見到最宏觀全面的羅馬城，也能見到單一建築的細節之處，說這是一本關於16-18世紀羅馬城的百科全書也毫不為過。事實確實如此，《羅馬奇景的光輝》收錄的版畫，幾乎涵蓋了所有當代導覽指引

會涉及到的話題，多個多世紀以來的創新與知識皆濃縮於此。更進一步來說，《羅馬奇景的光輝》能回應或誘發他人的思古之幽情，回到那個已然消失的古羅馬帝國；凡是與歐洲文化相關事物，在這本書中皆以羅馬城為開端，再邁向某個更遙遠的領域。

　　《羅馬奇景的光輝》更代表近代歐洲在印刷技術、建築研究、實證精神及旅遊風潮相互激盪後的具體成果。從手寫到印刷，從文

4-47 | 4-48　　圖4-47　《羅馬奇景的光輝》收錄的其他版畫，也包括了在羅馬城內的知名古典雕像或特別標的物。如圖4-47的獵犬雕像，肌肉、毛髮線條明顯，身軀姿勢因扭曲而帶有生命力；該書收錄的許多知名古典雕像，都可在梵蒂岡博物館見到，有些則成為市容造景的一部分。
　　　　　　　　原圖出自：*Speculum Romanae Magnificentiae.*
　　　　　　圖4-48　《羅馬奇景的光輝》收錄的版畫。

4-49	4-50
4-51	4-52

圖4-49,50 　《羅馬奇景的光輝》收錄的版畫，圖4-50為撫養著羅慕勒斯（Romulus）和
　　　　　　雷姆斯（Remus）兄弟的母狼，他們兩人日後將成為羅馬的奠基者。

圖4-51　　　《羅馬奇景的光輝》另外收錄、具有明顯古埃及元素的卡諾卜壇（Canopic
　　　　　　Vase）版畫（圖4-51），並不令人意外。在古典時代，羅馬人便大量引進埃
　　　　　　及文化元素，在近代羅馬城市發展史上，埃及文化依然占有一席之地，足以
　　　　　　看出這座城市多元的文化底蘊。

圖4-52　　　《羅馬奇景的光輝》收錄的版畫，為米開朗基羅設計的教宗陵墓，正中央的
　　　　　　摩西雕像是他的生涯代表作。

字到圖像，16-18世紀的羅馬城市導覽指引，正好遇上人類技術史上的一大轉變，各種大膽計畫皆因印刷術得以實現，達到了中世紀作者所無法想像的境界。如今，羅馬城市導覽指引不僅更容易閱讀，也更加便宜，讓更多人得以深入認識享有「世界劇場」之名的羅馬城。印刷出版商之間的競爭，使導覽指引不斷因應時代精神更新成果，並改變呈現方式，可以很明確指出，這也是人類智識的一大突破。不僅羅馬城的導覽指引，每個領域的出版物，都程度不一地迎來諸如此類的變革。

如今，我們早已習慣印刷術的存在，以至於難以察覺其之於人類文明的重要性；在16世紀中葉時，義大利作家多尼（Antonio Francesco Doni, 1513-1574）卻曾驚喜地看待其存在，喜迎一頭對人類有無比助益的怪獸到來：

> 如果世界並未在一瞬間滅亡，便不可能摧毀所有書籍，其將持續記錄著我們的雕像、繪畫、名聲、家庭、城市，以及所有成就和知識。而我們的長相、衣著、城市景觀，所有技藝的工具，以及所有知道如何解釋和執行的大小事物，皆能化為圖像供人觀賞。……人類發明的印刷術，得以不斷印刷書籍，就如同一條九頭蛇，當一個頭被砍掉，還會再長出7個頭。[1]

---

[1] Rebecca Zorach, *The Virtual Tourist in Renaissance Rome: Printing and Collecting the Speculum Romanae Magnificentiae* (Chicago: The University of Chicago Library, 2008), p. 79.

　　這頭九頭蛇所催生的，還有研究、閱讀與詮釋的羅馬城的有趣過程，足以讓全歐洲最優秀的知識分子、藝術家，乃至於普羅大眾參與其中，共同寫下一段漫長故事。

大旅遊時代的羅馬城

SEPVLCRI MARMOREI IVLIO II PONT MAX DIVINA MICH
ANGELI BONAROTI FLORENTINI MANV ROMÆ IN BASILICA S
PETRI AD VINCVLA FABREFACTI GRAPHICA DEFORMATIO
CLAVDII DVCHETI FORMIS
ROMÆ 1582

102

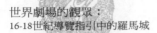

I.

英國旅人的實際經驗

近代歐洲旅人如要前往羅馬一探究竟，絕對是段極為漫長困難的過程。除了前面一開始提到的蒙田、歌德，還有許多來自歐洲北方，特別是英格蘭群島的旅人，也曾在年輕時不辭千辛萬苦，只為造訪歐洲各地有趣事物。通常來說，羅馬僅是當代「大旅遊」風潮的景點之一，既非唯一目標也非整趟旅程的終點；但羅馬始終因其獨特風貌散發不可取代的魅力。各路旅人不僅甘願耗費大量時間記下在羅馬的所見所聞，其所投入的情感顯然也最為強烈；而他們對羅馬的評價（無論是批評或讚美），許多時候更是強烈直白，非常具有個人特色。

西元1763年，日後以《羅馬帝國衰亡史》（*The History of the Decline and Fall of the Roman Empire*）聞名的史家吉朋（Edward Gibbon, 1737-1794）獲得父親首肯後，出發前往義大利。大約花了一年時間跨越歐洲大陸後，吉朋終於在1764年抵達義大利。因為吉朋習慣寄送家書，以至於我們可以從中知道一些小細節。比如說，他一開始原定經由海路，卻因氣候因素更改行程：

我們原先計畫於6月7日搭乘小船，由海路從熱那亞到利佛
諾。但出發前吹起強勁西南風，使任何船隻都不可能出港，
只能滿是焦慮地等了六天。最後，因風向絲毫沒有轉變跡
象，我們被迫改由陸路出發，陸續經過帕爾瑪、馬德納和波
隆那。[1]

　　吉朋一路上遭遇許多不便，但這無礙於好好享受這趟旅程，如
同他語帶興奮地說道：

在義大利旅遊時，便越發覺得要向允許我外出旅遊的父親，
表達感謝之意。……我並不打算說旅程完美無缺，相反的，
糟糕的路況、乏善可陳的旅館，花費很多精力處裡瑣事，特
別是必須不斷地與品行低落之人溝通協調，如旅館店主、驛
站人員、關稅人員等幾乎不可能避開的對象。前述事情絕稱
不上開心，但過程中的小小不幸，都會在每個地方發現娛樂
和新知而獲得彌補。這個地區擁有最獨一無二的美景；古代
作品如不是四處可見，便是流入收藏室中；各個雕刻和繪畫
傑作，讓我度過了人生中最有趣的些許時光。而更令我感到
愉悅的是，我接下來要在這個地方（佛羅倫斯），以及羅馬
和那不勒斯所發現的，將有過之而無不及。[2]

---

[1]　Edward Gibbon, Rowland E. Prothero ed., *Private Letters of Edward Gibbon* (London: John Murray, 1896), p. 63.

[2]　Gibbon, *Private Letters of Edward Gibbon*, p. 64.

　　不過這些書信畢竟屬於私人性質，吉朋其實花了相當時間討論旅遊以外的事情，例如向雙親請安、個人財務狀況等，進入主要目的地羅馬城後，僅留下簡單段落，我們只能大概知道他確實非常興奮，而且親自爬上圖拉真圓柱。他如何觀看18世紀的羅馬城，主要留在20多年後寫下的回憶錄。已邁入中年的他，提到當年的旅遊有諸多感觸，特別是關於羅馬城的回憶：

　　我也應該簡單描繪一下這段超過一年（1764.4-1765.5）的義大利之旅……，羅馬是這段旅程的主要目標。……我首先翻越仙妮絲山，並在皮埃德蒙特平原下山，但不是坐在大象背上，而是坐在輕便藤編座椅上，由敏捷、勇敢的阿爾卑斯山嚮導揹著。（譯註：接下來吉朋陸續經過杜林、米蘭、熱那亞、帕爾瑪、摩德納、波隆那、佛羅倫斯、比薩、席耶納等地。）我在（1764年）8月2日早晨抵達羅馬。我的性情向來平穩溫和，……但即便經過25年後，我仍舊忘不了，也難以描繪第一次進入永恆之城羅馬時，強烈情緒在我在心中激起的火花。經過一夜難眠，我抱著崇敬之情漫步在羅馬廣場的廢墟中。每個值得紀念的景點，如羅慕勒斯站立的地方、西塞羅演說的地方，或是凱撒倒下的地方，都會在第一時間投射出鮮活映像。我度過了數天狂喜後，終於能夠恢復平靜，開始最基本的探查，由富有知識和品味的蘇格蘭博物學者拜耳先生擔任嚮導。[3]

---

[3]　Edward Gibbon, Henry Morley ed., *Memoirs of Edward Gibbon* (London: George Routledge and Sons, 1891), pp. 148-150.

　　接下來的段落，便是他在羅馬城內受到啟發、感嘆一個強盛帝
國消失後，決定寫下《羅馬馬帝國衰亡史》的那段著名自述。

　　吉朋的這些文字是個人心得，也是不少英國旅人的共同經
驗。也就是說，他們關注的事情往往大同小異，更總是帶著興奮
之情，分享描繪所見事物。如早在17世紀時，對異國事物充滿好奇
心的學者伊夫林（John Evelyn, 1620-1706），到羅馬時一同參訪有著
奇珍藝品的耶穌會羅馬學院，並幸運地由享譽歐洲的學者契爾學
（Athanasius Kircher, 1602-1680）導覽介紹：

> 1644年11月8日。我們造訪耶穌會教堂，建築立面可說是建
> 築界的經典之作，由賈柯莫・德拉・波爾塔和著名的維尼奧
> 拉所設計。這座教堂埋藏著尊敬的羅耀拉的遺體，沙勿略的
> 一隻手臂，以及其他使徒的聖骸，……。他們的神父契爾學
> （數學和東方語言學的專家），極度禮遇地帶領我們參觀他
> 們的餐廳、治療室、實驗室、花園，並在最後進入了他的研
> 究室，……在那裡向我們展示永動機、反射光學儀器、磁力
> 實驗模型，以及數不盡的奇妙小物與發明。[4]

　　當代建築奇觀聖彼得大教堂及其廣場，自然也是伊夫林的關注
焦點，他詳實提到：

---

[4]　John Evelyn, Richard Garnett ed., *The Diary of John Evelyn, Vol. 1* (New York: M. Walter Dunne, 1901), pp. 105-106.

　　1644年11月19日。我參觀聖彼得大教堂，其可說是最為
宏偉、無可比擬的巴西利卡（譯註：Basilica，在古典時代這
個詞用來稱呼大型集會場所，在近代歐洲史上，也用來稱呼
某些重要教堂），……。門廊前的廣場因為巨大尺寸相當值
得關注，因為他讓教堂附近景觀看起來更加寬敞宏偉，其他
地方的主要教堂附近往往正好相反。廣場中間有座噴泉，噴
出的水量之大猶如一條河，從高處落散、碰撞到噴泉底座，
發出巨大聲響。這是我見過最美麗的噴泉。

　　一旁則是原產自埃及的方尖碑，由奧古斯都搬運且豎立
在羅馬以獻給凱薩，後者的骨灰之前存放在頂部，方尖碑日
後因蠻族而傾倒。後來由教宗西斯圖斯五世的建築師豐塔
納，利用他那別具巧思、所費不貲的巨大設備重新豎立在
此。方尖碑由一整塊四方形石頭組成，沒有聖書體、有72呎
高，加上其基座便有108呎高，其立基在四隻青銅獅子上，
所以你可以透過方尖碑底部和基座間的縫隙看到另一端。[5]

與吉朋同時代的英國旅人，還有作家貝克佛德（William Beckford,
1760-1844）。他一路上同樣遭遇程度不一的挑戰，也以羅馬城作
為必經之地。而他對於古羅馬帝國的浪漫情懷，絕對不下於吉朋，
在看到羅馬近郊平原後，不禁想起古羅馬帝國的強大：

開闊的平原在我面前展開，這裡便是那個尚武人民建立帝國
的根基。左側遠方出現綿延的亞平寧山脈，另一邊，則是無

---

[5]　Evelyn, *The Diary of John Evelyn, Vol. 1*, p. 116.

盡之海占據地平線。許多知名事件便在此發生，為那些名人
提供再完美不過的表現空間。這裡曾是軍隊的遊行之處，空
間甚至大到可以紮營；整地後，也可用作軍事演練場、以及
鋪設從首都到奧斯提亞的各條大道。許多凱旋而歸的軍團、
被俘虜的國王都曾經過這些道路啊！無盡的馬車使道路鋪面
因磨擦而光滑無比！從非洲內陸抓來的野獸由此運往城內，
充滿異國風俗的印度王公大使也經過此處，思索著如何博取
元老院的歡心。[6]

但與之相對比，殘破現況更令他感慨帝國的消逝：

在過往漫長時光中，輝煌的景象主宰了此地每日風景，但如
今一切消逝殆盡。驚人的喧嘩已然過去，僅留寂靜和淒涼。
了無生意的氣息隨著冬青散布各地，荒蕪山丘僅剩孤寂的高
塔，數哩路以來僅見此番景色。我們不時見到幾隻瘦弱的黑
羊在路邊遊蕩，一旁是已毀壞的墳墓，這種動物正好是古人
獻給幽魂的祭品。有時我們會穿越一條溪流，激起的細浪是
此處唯一聲音；仔細觀察牧羊人在河岸旁的小屋，可發現利
用破損的基座和大理石中楣支撐著。我進入其中一間，屋主
正在外頭照顧羊群，他一邊在沙地上寫字，一邊哼著憂愁的
曲調。[7]

---

[6] William Beckford, *Italy Sketches* (Paris: Cormon and Blanc, 1835), p. 81.
[7] Beckford, *Italy Sketches* , p. 82.

　　稍微觀察吉朋、伊夫林、貝克佛德等人的旅遊經驗，能感受到縱使他們對羅馬城的反應不盡相同，卻相當一致地崇拜羅馬城，或是背後所代表的古典文明及文化內涵。這種情感並不令人意外，畢竟在他們的成長經歷中，很有可能透過日常學習、他人口述，或是各式各樣的導覽指引，想像著位於山海之彼端的羅馬城。另一方面，他們的旅遊經驗卻也透露許多實際難題，尤其是要如何適應從氣候、宗教、政治、飲食習慣上皆有相當不同的義大利地區？同樣重要的是，在成功抵達朝思暮想的羅馬城後，該如何在有限時間、經費內有效參訪城市？如果不能解決以上問題，不僅會使這趟旅途興致全消，更糟糕的甚至是賠上性命。所幸在大旅遊盛行的年代，另有一批導覽指引試著回答這些問題，詳細提供建議。在此過程中，將會更深入討論羅馬城的風貌與文化意涵，其中當然有好有壞。

　　一般情況下，我們如要準備旅遊，通常不會只參考單一資料來源，其無非是因為每個資訊的關注焦點不同，不可能靠一人之言滿足所有需求，這點在大旅遊者身上亦然。17、18世紀當時專門提供給大旅遊者的導覽指引，常以作者本人的親身經驗改編而成，自然也會因各種因素側重不同面向，更會給予不盡相同的評論；根據不同需求找到最合適的參考資料，自然成了旅遊者出發前的必要功課。

　　旅遊經驗豐富的萊瑟（Richard Lassel, 1603-1668），憑藉著曾五次造訪義大利的經歷，在1670年出版了《義大利之旅》（*The Voyage of Italy or A Complete Iovrney Through Italy*）。書中提供相當豐富且實用的建議事項，在他筆下的羅馬城市形象尤其壯麗美好，有著諸多正面評價，這與他身為天主教神職人員的身分背景不無相關。又比如

說法國彌桑（Maximilian Misson, 1660-1722）在1680至1690年代出版的《新義大利之旅》（*Nouveau voyage d'ltalie*），除了一般性旅遊建議事項，有關羅馬城的評價別具特色。與同時代的萊瑟不同，彌桑縱然也醉心於羅馬的一景一物，卻不時提出相當嚴苛的批評。就許多角度來看，萊瑟和彌桑會是很有趣的對照。

　　還有像是湯瑪斯（Nugent Thomas, 1700-1772）1749年出版的《大旅遊：途經尼德蘭、日耳曼、義大利及法蘭西的旅途》（*The Grand Tour: or A Journey through the Nertherland, Germany, Italy and France*）（以下簡稱《大旅遊》）。湯瑪斯本人即為相當多產的作家，旅遊經歷以當時條件來看可說是相當豐富；除了義大利半島，也曾去過法國、尼德蘭及西班牙等地。比起同時代的導覽指引，湯瑪斯更喜歡以全面性視野，例如當地土壤、氣候、山川、河流為切入點。至於旅遊建議事項，更是極盡所能地詳盡，甚至到了有點囉嗦的程度；在他身上，隱約可見啟蒙時代百科全書式的基本精神。整體而言，本書絕對是相對專門的導覽指引。

2.

交通、治安與導覽：
前往羅馬的注意事項

　　便捷的公共設施、暢行無阻的交通，這些對現代人而言理所當然的旅遊經驗，在17、18世紀幾乎是全然不存在的情境。「平安出遊」從來就不是件容易的事情，因而，許多專為義大利旅遊所寫的導覽指引，總會多少提到前往義大利的可行路線，以及必定要注意到的細節。更謹慎者，還會將相關資訊編排於全書開頭，以專章介紹。

　　以17、18世紀的環境來說，前往義大利的方式不外乎分為海陸兩種，其往往都是要經過法國或日耳曼地區後，再決定是要經過熱那亞到義大利西岸，或是跨越阿爾卑斯山一路往下。以上路線可再繼續細分，端視旅遊者的個人需求和條件。萊瑟在前往義大利的五次旅途中，皆採取了與前次不盡相同的路線，如同他在《義大利之旅》所說：

> 英國人到義大利通常有五條路線：一，經過法蘭德斯到日耳曼，再到塔蘭托或特里維索，接著抵達威尼斯。二，或是經過法國，前往馬賽，再由海路到熱那亞。三，也可以從陸路

經過里昂穿越瑞士的格勞賓登、瓦爾泰利納，再到布雷西亞。四，另一條也是從里昂穿越瓦勒西亞，跨越薩皮翁山、馬喬雷湖，最後抵達米蘭。五，最後一條較為平穩，同樣從里昂路過仙妮絲山抵達杜林，是最近一條路。在過去五次的義大利之旅中，我都曾嘗試過這些路線。基於花費時間與便利性，我最推薦第五條路線，但我依舊會說明其他路線，以作為年輕旅遊者在瘟疫或戰爭期間，規劃路線時的指引。[1]

諸如此類的交通資訊，難以就具體距離與所需時間提供統一說法，各個導覽指引如不是略而不提，便是差距過大。至於具體原因，彌桑的《新義大利之旅》提供了一個頗具參考價值的說法：

> 我不僅發現各家導覽資訊互有出入，就連各景點距離的記載亦是如此；我時常獲得說法各異的訊息，其來源甚至是同一地方。比如說，有人會跟你說佛羅倫斯和波隆那大約相距55-56哩，而其他人會說至少相差58哩。旅遊者可能會在旅途中，不斷發現各參考資料不盡相同之處。
>
> 相關說法常因路況好壞而有所差異，因此難以作為他人參考標準。例如，指出佛羅倫斯到波隆那有55哩的資料，告訴我們是這兩座城市的正確距離；但強調兩地相差58哩的資料，卻會告訴我們前述數字實則要穿越山區，實際花費時間，將比路況更好的58哩路還要多。

---

[1] Richard Lassel, *The Voyage of Italy or A Complete Iovrney Through Italy* (Paris: 1670), part I, p. 23.

　　　　當兩地之間有相當距離時，還有其他原因可用來解釋箇
中差異：如果有人試著計算那不勒斯到羅馬的距離，會發現
僅有130哩；但如果考量到兩座大城之間還有其他相當規模
的大城鎮，且並未計算在內時，從那不勒斯到羅馬的距離勢
必會超過130哩。有時候反而可以試著想想，走次要道路以
避開城鎮，反而可縮短距離。[2]

　　換言之，當時有太多尚未標準化的測量規則，自然難以達到一
致測量成果，這無疑是每個旅遊者在規劃行程時，必定要多加思考
的風險。

　　假使一切順利，旅遊者終於規劃好路線後，眾多導覽指引總會
不厭其煩地提醒途中的各注意事項，其不外乎是金錢、氣候、以及
更切身相關的人身安全，一不小心便會引發致命危機，謹言慎行絕
對沒錯，一切如同今日。《大旅遊》便針對上述問題提供相當完整
的注意事項：

　　　　至於要如何前往義大利，很難一言以蔽之，因為這取決
於打算從哪裡進入、以及有多少時間。總歸來說，旅客應參
閱地圖、好好規劃各種行程。比如造訪威尼斯嘉年華的最後
幾天，……；避免在最熱的時節逗留於羅馬或其近郊；盡可
能地造訪不同景點，且同一地方不經過第二次……。結伴而
行通常是不錯選擇，有人陪伴較有樂趣，在參訪景點時同樣

2　Maximilian Misson, *A New Voyage to Italy*, vol. II (London: 1739), part II,
　pp. 587-588.

如此。如果同伴真誠溫和，其好處顯而易見，不然的話還不如獨自一人。但在義大利，結伴旅遊的規模不宜過大，因為難以期待旅館的服務品質；如果人數太多，往往無法提供足量床位與服務。為了避免住宿時的不便，即便不打算帶上一整套的床具，也應該至少準備輕便的被子、枕頭、床罩，以及兩套上好的床單，這些東西可以綑成一小束，以防水布綑綁包覆，長約3.5英呎，寬度不超過2英呎。輕便到可放入皮箱，便於攜帶。如果即便如此仍有困難，建議至少帶條床單上路，一旦旅店的床鋪看來堪憂時，可以索取新鮮乾草，再將乾淨床單鋪在上面。

在路上或旅館內時，旅遊者應切記財不露白，幾乎每個劫殺案件，都是因為這類輕忽所造成；這項建議走遍天下皆適用，在義大利更是如此。在義大利，縱使路上沒有匪徒，也有許多心懷不軌之人，如果他們認為有利可圖時，隨時準備私下謀財害命。有鑑於此，旅遊者應該準備一些金屬器械，以便從房內將門鎖上……。旅館房門沒有門閂可說是稀鬆平常之事，而這種情況如同常人道：給了壞蛋可乘之機。外出旅遊也最好帶著武器，如一把劍或小手槍，為了夜間的緊急照明，最好也帶著火種盒。

人們常傾向假設義大利的冬天並不酷寒，但他們大錯特錯，當地的冬天也可以像阿爾卑斯山這一側的許多地方一樣難受。因為冰雪使道路不易通行、危險四伏，特別是在山區；還有白天很短，可能會在深夜抵達旅館，接下來又必須在天亮之前起床準備上路。由此觀之，在冬天來此旅遊並非明智之舉。此外，冬天的鄉野毫無生機，大自然正在休眠，

不見花草果樹。夏天正好相反，不會遇到那些不便，即便天氣炎熱，也只需適時休息即可。[3]

　　值得一提的是，除了以上一般性項目，彌桑還特別提到金錢的相關事宜。首先，旅遊者應該攜帶足夠現金，不能只考慮到計畫內的開支，也應當顧及到突如其來的額外花費。其次，當個守財奴只會糟蹋旅程，畢竟旅遊品質總是伴隨著願意支出多少錢而來：

　　不管怎麼說，有錢好辦事，如果錢包鼓鼓的，遇到麻煩時也不會太難解決。我想趁此機會告訴大家，如果有人想玩得盡興，不應該過度在意花了多少錢；如不然，不僅沒有享受，還可能徒增加許多困擾。為了旅途順利，一定要花錢，這才是能獲得禮遇、暢行無阻，讓旅途一切順利的方法。既然一生中只有一次機會，實在沒有必要特別省錢。再也沒有因為錢包空空，而必須遭他人打量還更糟糕的事情了。[4]

　　克服旅途中的所有難關，總算是順利抵達羅馬後，各路旅人隨即會面對更多難題。當代有不少文獻指出，羅馬城內總會有一群人表面上學富五車，實則轉賣拙劣贗品，或是導覽時胡說八道。那些志得意滿、躁進無知的年輕旅人們，特別容易受騙，是許多騙子絕不放過的肥羊。

---

[3]　Nugent Thomas, *The Grand Tour: or A Journey through the Nertherland, Germany, Italy and France, vol. III* (London: 1778), pp. 36-38.

[4]　Maximilian Misson, *A New Voyage to Italy, vol. I* (London: 1739), part II, pp. 539-540.

　　因此，進入羅馬城後，物色好的導遊幾乎是每本導覽指引皆會提到的首要之急，更進一步者，還要求旅遊者自己也應事先閱讀資料，親臨現場後加以觀察比對。《大旅遊》建議抵達羅馬後，應盡量找當地人當嚮導，更要自備觀察工具：

　　　　遊客抵達羅馬時，會有一群人圍繞在側推銷自己，但他應該嚴加慎選，因為這些人通常無法提供良好服務。在此強烈建議，應當選擇當地人，或至少住在附近，如此才能確保履行義務、熟悉當地風俗民情。

　　　　在羅馬，聘僱一位優秀的博學者不可或缺，因為可以立即指引最有價值的名勝古蹟。……在此提醒，比起一味聽從他人轉述，親眼觀看會是更好方式。與他人結伴參訪更好，可因不同意見而精進自己。如果能準備以下事物也有幫助：地圖、量尺、望遠鏡、航海羅盤和四分儀，以及可用於計算面積的工具。……一套關於羅馬城內古蹟名景的版畫也可在此找到。[5]

　　《新義大利之旅》也有類似建議，並鼓勵讀者應試著做更多事：

　　　　如果一位旅遊者並未打算在羅馬待超過2-3個月，應該在抵達後立即雇用一位熟練的博學者，並一同參訪城內主要景點。儘管已經有許多作者們試著描繪（城內主要景點），

---

[5]　Thomas, *The Grand Tour: or A Journey through the Nertherland, Germany, Italy and France, vol. III*, pp. 41-42.

但如果抱著好奇心、親眼檢視那些事物，總是能夠找出新發現。因此除非是為了必要的導引，應在不依賴書本的前提下，親自參訪那些非凡事物，並記錄在自己的遊記中。如果將親身觀察結果，與其他資料，特別是那些已有好一段時日的資料相比較，總能發現不少差異。為了讓自己的努力加倍有效，應該隨身攜帶一本筆記本，每晚檢視抄寫當日所見；這是觀察每個地方的方法，在羅馬亦然。

在外旅遊時，都應該攜帶量尺、地圖、望遠鏡、航海儀和四分儀等工具。更不用說是一副懷錶，因為便於移動使用。如果還有餘力，應該試著測量面積，所以也可帶著附有不同刻度的工具。此外，我也相當建議自備品質優良、有仿水處裡的麻繩，50英噚（譯註：fathom，每英噚約1.8公尺）長，一呎打一個節，可用來測量距離、塔的高度、圓柱大小，或是任何可能的地方。[6]

由此可見，所謂的大旅遊並非一場漫無目地的玩樂，在某種程度上，他們也期許這是個能培養知性、獨立思考、辨識對錯的過程。羅馬城便是培養這些特質的絕佳場所。

講解完注意事項後，眾多導覽指引的另一重點自然是延續數世紀以來的傳統：提供建議參訪景點。其不外乎是波波洛廣場、萬神殿、聖彼得大教堂及其廣場等，世人早已傳頌多時的標的，較為深入者，會再提供建議遊覽路線。真正有趣的，不在於他們介紹了什麼，而是如何介紹世人早已熟知的景點。毫不意外的，這些內容往

---

[6] Misson, *A New Voyage to Italy*, vol., part II, pp. 533-537.

往也會隨作者興趣而不盡相同，但共通點是，相較於前人，這些導
覽指引的作者更勇於分享親身經歷與想法評價。以萊瑟參訪聖彼得
大教堂及其廣場為例，他在《義大利之旅》說道：

> 現在你來到聖彼得廣場，外層有四道砂岩圓柱所組成的
> 精緻廊柱圍繞，在基督聖體聖血節時，朝聖隊伍會從下方陰
> 影處經過；而在夏季或冬季時，人們也可在前往聖彼的大教
> 堂和梵蒂岡宮殿的途中，藉此避免日曬雨淋。……教宗亞歷
> 山大七世開始了這項了不起的工程，現已完成一半，另一半
> 也接近完工，我從未見過有其他事物比這還要宏偉。……方
> 尖碑包含基座在內，共有108英尺高。方尖碑底部以四個青
> 銅獅子雕像支撐著，頂端再放置青銅材質的十字架立在三座
> 山丘雕像上，最上面還有一個星星。……西斯圖斯五世還在
> 十字架內放置了一片真十字架碎片。
>
> 　　未來計畫在方尖碑的每一側都有個美麗噴泉，造型跟現
> 存那座噴泉一樣。這個噴泉噴出大量泉水，時常製造出水
> 霧，當陽光斜曬而下時，出現彩虹。[7]

　　進入教堂後，萊瑟持續使用華麗詞藻形容心中的感動，將穹頂
類比成天堂，讚許為「世界建築史中，絕無僅有的大膽之作」。
到了最後，他甚至將教堂本身，視為人類建築史上空前絕後的完美
存在：

---

[7]　Lassel, *The Voyage of Italy or A Complete Iovrney Through Italy*, part II, pp.
　　26-28.

> 當你聽到這座教堂是世界第八大奇觀，與埃及金字塔、巴比
> 倫城牆、法洛斯燈塔和羅德島阿波羅神像等齊名時，或許會
> 感到驚訝；但這些奇觀與教堂相比只不過是一群石塊。聖彼
> 得大教堂的存在令所有古蹟建築都顯得遜色許多。教堂的諸
> 多地方毫無疑問地也是大師傑作，具原創性的繪畫、完美外
> 觀的雕像。……世界上最偉大的建築師……共同使這棟建築
> 臻至完美，智慧、財富和宗教需求相互結合濃縮後，成了一
> 座完美的上帝之所。[8]

　　有必要強調，縱然聖彼得大教堂是相當傑出的建築作品，但萊
瑟著實有過度美化的傾向。同時代的其他旅遊者，曾批評教堂前廊
破壞整體比例，以至於遮蔽了主穹頂之於教堂外觀的比例。這種批
評確實有其道理，米開朗基羅的當初設計以主穹頂為外觀主角，17
世紀時增建的前廊卻妨礙觀看視野，越靠近教堂越是如此，徹底破
壞了原始設計的預期視覺效果。

　　以華麗詞藻形容城市景觀絕非萊瑟所獨有。由桑柏爾（Robert
Samber, 1682-c. 1745）在1722年所出版的《羅馬景物》（*Roma Illustra:
or A Description of the most Beautiful of Painting, Sculpture, Antique and Modern
at and near Rome*），便以藝術評論般的口吻描繪城內公共建築。提
到位於市中心的納沃那廣場時，如此說道：

---

[8]　Lassel, *The Voyage of Italy or A Complete Iovrney Through Italy*, part II, pp. 47-48.

在現代建築中，這個廣場足以與古羅馬人美化羅馬的功績相媲美；甚至足以令人懷疑，古羅馬人是否能完成同樣傑出的創作。廣場設計具備了創意、品味與宏偉；單論噴泉，也未見過如此壯麗的設計。

四座巨大的大理石像分別代表世界上的四條巨河：恆河、幼發拉底河、尼羅河和多瑙河。四座雕像經過精心設計、分別象徵這些河流的意象。像是以鱷魚聞名的尼羅河，頭部附近以一塊布和蘆葦半遮掩蓋著，貼切象徵著世人仍未發現的河流源頭……

大理石獅像位於噴泉一側，另一側則有一隻海馬躍出。這兩座雕像如同那四座巨大河流雕像，也是經典之作。

海馬雕像展示從洞窟水池躍出、擺動身體的模樣，軀體伸長，如同火舌靈活。

獅子則模擬剛經歷一場狩獵、極度口渴的型態，彷彿即便喝光所有泉水也無法緩解牠的飢渴。牠大張獅掌，盡可能伸展胸口讓肺部有更多空間，整體效果看起來就是要喝光噴泉，讓洞穴乾涸。

古代曾用一尊雕像呈現河流，現在這裡卻有四尊巨型雕像用來裝飾一個噴泉，多麼宏偉、壯碩啊！[9]

相對的，不是所有人都認為羅馬城市景觀毫無瑕疵。18世紀的旅人斯摩萊特（Tobias Smollet, 1721-1771）在個人書信中，讚美納沃

---

[9] Robert Samber, *Roma Illustrate* (London: 1722), pp. 108-111.

那廣場之餘，卻忍不住抱怨環境問題，透露了桑柏爾沒有特別提到的其他細節：

> 再也沒有比四散羅馬城內各處的噴泉，更能讓那些外來者眼睛為之一亮的地方，在夏天時更是如此。那些噴泉以精緻的雕像裝飾，噴出大量清涼美味的泉水，其利用水道從各處湖泊、河流和水源，經過長距離運送後抵達城市。水利設備承襲古羅馬人的遺留設施，他們相當擅長於該領域技術；但是，很大程度上也得歸功於慷慨的教宗，他們基於健康、舒適和便利性而修建水道。然而，如此大量的水源卻未能使羅馬更加乾淨，街道、乃至於宮殿都因髒亂而盡失風采。華麗的納沃那廣場，以三、四個噴泉裝飾，其中之一的宏偉程度或許是全歐洲之最，其他每座噴泉亦有驚人水量。儘管如此，廣場卻如同倫敦販賣牛隻的威斯特－史密斯菲爾德一樣髒亂。迴廊、廊柱，甚至是最精美宮殿的階梯，都處於髒亂之中，夏天時散發尿騷味。[10]

親身經歷造成的反差絕非少數個案，藉由不同作者的觀點認識羅馬，也是同時參照多部導覽指引的有趣之處。而這些差異，可不單單只停留在特定景點的優劣之別，其往往與整座羅馬城的形象密不可分，背後代表的，更是近代歐洲史的一大轉變。

---

[10] Tobias Smollett, *Travels through France and Italy* (London: Oxford University Press, 1907), pp. 252-253.

3.

神聖的羅馬

在近代歐洲旅遊史上，總會為義大利的特定幾座主要城市冠以特定形容詞，以反應其特殊歷史背景、產業形式或城市風貌。如同湯瑪斯在《大旅遊》列舉說：

> 幾乎所有的大城市都會因其獨特樣貌而冠上特殊稱號，如「神聖的羅馬」，因教宗在此；「高貴的那不勒斯」，因為居住著大批名流貴族；「美麗的佛羅倫斯」，因為優雅莊重的住宅，以及寬敞整潔的街道；「富庶的威尼斯」，因為巨大財富與聲望；「宏偉的熱那亞」，因為壯麗的建築；「偉大的米蘭」，因為占地遼闊、居民眾多；「古老的拉溫納」，因為悠久的歷史；「博學的帕都亞」，因為曾在此盛行的學風；「肥沃的波隆那」，因為肥沃的土壤；「迷人的維羅納」，因為美麗的景色；「商業的佛諾」，因為繁榮貿易。[1]

---

[1] Thomas, *The Grand Tour: or A Journey through the Nertherland, Germany, Italy and France*, p. 20.

　　萊瑟相當認同「神聖的羅馬」這個稱號，認為比起其他古典時代的稱號（如：如世界的主宰與統治者、地上神祇、永恆之城、世界的縮影、萬物源頭）還要更加適切。他提出的依據有：「兩位使徒聖彼得和聖保羅皆在此宣教，並留下殉教之血」、「許多聖人遺骸收納在教堂中。城內更是擁有超過300座以上的教堂轄區」等十餘條。他還熱情推薦讀者，羅馬是最適合居住終老之地，其原因當然也與天主教絕對相關：

> 如果我們試著想想，羅馬城無疑是最適合居住與終老之地。假使要學習最扎實的知識、或是掌握艱澀難懂之事，還有比羅馬更好的地方嗎？人們在此說著不同的語言、學習所有學科，全歐洲的天才聚集於此，最珍貴的文獻檔案收藏於此，所有智慧在真正適宜之處表現，所有外國大使展現才華，教廷大使也會回到羅馬分享見聞。……如果我們再次考量到最適合終老之處，能安撫靈魂的羅馬是最好的地方。羅馬作為天主教社群的中心，城內有許多虔誠行為，許多美德在此實現著；你最後的終眠之地也浸潤許多受難者的血液。[2]

　　與萊瑟毫無保留地讚美羅馬相比，同時代的彌桑在看待整座羅馬城市時顯得嚴苛許多，比如他在進入羅馬時不禁說出：「羅馬城給人的第一印象並不令人感到特別驚豔，對已見識過數個大型繁華

---

[2] Lassel, *The Voyage of Italy or A Complete Iovrney Through Italy*, part II, pp. 257-258.

城市的人尤其如此。」[3]這句話意有所指地強調，羅馬並不如許多人宣稱的那麼美好。

　　彌桑並非全然用著批判性眼光看待城內一景一物，他會大方給予讚美，但有些時候，又說出前人鮮少提到的缺點。例如，當他人提到台伯河時，常會聚焦這條河流的歷史或沿岸古蹟，彌桑也這麼做，但同時強調，這條河實在又髒又臭，令人難以忍受。至於宗座宮殿，彌桑著迷於收藏其中的大師傑作之餘，也批評建築結構混亂。另外，聖階堂有一幅傳說中出自天使之手的耶穌畫像，更可看出萊瑟和彌桑的差別；當萊瑟帶著崇敬之心描述這件作品時，彌桑卻告訴他的讀者：這幅畫像實在奇醜無比，絲毫沒有藝術價值。

　　持平而論，彌桑的批評有其道理：台伯河作為當代羅馬城內的重要水源，在現代上下水道設施出現前，時常顯得髒亂汙濁；宗座宮殿的歷史悠久，也的確沒有經歷過統一規劃，許多地方都是隨著需求一一擴建；被批評到一無是處的聖像畫，當然也稱不上是具有美感的藝術品。彌桑本可像其他人一樣，對這些缺點略而不提或輕輕帶過，仍舊選擇了在適當地方提出自己看法。因為如此，彌桑眼中的羅馬城不再是完美無缺，但流露許多合乎情理的另一面。

　　那位直接批評那沃納廣場有尿騷味的旅人斯摩萊特，也有提到18世紀羅馬城內許多不盡如人意之處，尤其是當許多人讚許這座城市時，在他看來顯然是過度美化，不禁感到厭惡：

> 有聽過數個義大利人吹捧現代羅馬的偉大：他會跟你說城內有三百座以上宮殿，幾乎每位貴族收入超過二十萬克朗；他

---

[3]　Misson, *A New Voyage to Italy*, vol. II, part I, pp. 4-5.

還會說，羅馬不僅培育出最博學之士，同時也有最精明的政
治家。對於這些志得意滿的想法，我想說：城內宮殿數量其
實並未達三百，連八十座都不到；我也從一個可信度頗高的
來源知道，收入能超過四萬克朗之人也不超過六個；他們堅
信羅馬城擁有富有貴族、精明政治家，如果對比事實，卻顯
得諷刺十足，因為那些人並未運用財富和才能改善自己的故
鄉。我問：為什麼他們的樞機主教和貴族不徵募勇敢勤勞的
民眾定居、開拓荒涼的羅馬郊區？為什麼不募款將城市旁、
在夏天會散發恐怖腐敗氣味的沼澤抽乾，如此便能改善空
氣？我進一步問，為什麼他們不貢獻財富、發揮政治才能，
強化可防衛家園的海、陸軍實力，推廣商業和製造業，用來
回饋與歐洲他處相比，政治實力如此殘弱不堪的家鄉。[4]

斯摩萊特的想法一來固然是個人喜好，二來卻也反應了當代歐
洲的某項轉變。在他的評論中，羅馬不再是那個因帝國餘暉，以及
宗教信仰而不可一世的歐洲城市；相反的，他從非常現實的角度，
將羅馬城與當代歐洲其他國家的城市相互比較後，看到的是發展緩
慢的落後城市。因此，絲毫不意外的是，斯摩萊特在批評羅馬城
時，一併批評了統治這座城市的教宗國。換言之，以上種種是一座
城市的不足之處，也是一個政權無法適應新時代的故步自封。

將羅馬與歐洲現況相比較，並提出嚴厲批評的不只斯摩萊特。
在1766年時，諾索爾（John Northall, 1723-1759）的導覽指引《遊歷
義大利》（*Travels through Italy*），滿是嘲諷地提到，既然羅馬城內

---

[4]　Smollett, *Travels through France and Italy*, pp. 258-259.

有為數眾多的神職人員，又有誰會去質疑「神聖的羅馬」這種說法。在接下來的段落，他從歷史、宗教、經濟、社會等面向，提出更全面性的批評，以至於有些段落看起來，既是羅馬城市發展上的缺失，也是在指責教宗國的不思進取、保守落後：

> 看到現今義大利的荒蕪模樣，確實會因為曾在羅馬帝國時期有大量人口而感到驚訝。羅馬後來不再是皇帝寶座之處，加上蠻族入侵、義大利地區的內戰、混亂的政局等，只要稍加比對古今情況，就不難想像這塊土地遭遇多少苦難。以下事實便足以發人省思：在古代，光是羅馬城郊區的人口，便多過於當今義大利的總和。而且如果我們能試著在此宜人之處，統計究竟曾有多少龐大聚落的話，可能遠多於歐洲的任一地方。現代的荒蕪情況在教宗領地內尤為明顯，但這個地區有許多特色足以令人相信，得以發展為全歐洲最穩定、繁榮的地方：如肥沃的土地，亞德里亞海和地中海又有許多優良港口，這讓教宗國與那不勒斯在義大利別具優勢。比起歐洲其他地方，此處有更多異地旅客造訪，無論這麼做是基於好奇，或是如同許多主教和神父所做的，必須造訪羅馬教廷，這些旅客為教宗國帶來大量財富。但這個國家的人口稀少，荒廢大片土地，人民極度貧困、終日無所事事，更沒有充足製造業或交通條件可提供就業機會。以上種種或許可歸因於羅馬天主教會的獨特性。鄉村人口稀少並不奇怪，守貧、樸素的戒條約束著所有人，宗教法庭卻又同時限制引進不同信仰的勞工。另外，更有數量難易估計的窮人，以朝聖之名加入流浪隊伍，使得大批年輕、懶惰的乞丐在修道院內

吵鬧。他們本應透過自身勞動增進公共利益，卻變成了極為可悲的累贅，徒耗了原本要餽贈給老弱婦孺的救濟資源。該地設有許多救濟所，但與其說是鼓勵尋找工作，更是鼓勵人們心中的惰性；更別說是有大量財富虛耗在教堂和宗教建築，平時還有眾多絕對不能被商業、貿易活動打擾的慶典儀式。[5]

以上批評並不難理解。羅馬城在16至18世紀邁向都市計畫的高峰時，阿爾卑斯山以北的各大國家並非停滯不前。又以英、法為首，各地世俗政權不斷強化統治、經濟結構，向世界性帝國邁進，藝術文化方面也有長足進展，絲毫不下於義大利的文藝復興。那些令羅馬獨領風騷的城市規劃，也陸續出現在其他大都市。18世紀的大旅遊者，看到的確實是最為熱鬧成熟的羅馬，但也不可避免地注意到，這座城市缺乏了持續發展的生命力。

如果說國家首都象徵一國國力，那麼羅馬城的發展逐漸停滯，確實證明了教宗國的不斷衰弱。眾所皆知，倫敦日後發展成日不落帝國的金融重鎮，主宰了大半個地球；巴黎在奧斯曼（Baron Georges-Eugène Haussmann, 1809-1891）的改革下，散發出不可一世的磅礴氣勢，呼應拿破崙三世（Napoléon III, 1808-1873）心中的帝國形象。羅馬城一直要到19世紀末，才會引來另一波大規模的改造，而這次，卻是轉而向其他城市觀摩學習。所謂的「神聖的羅馬」，在大旅遊時代就已是過於沉重的負擔，而非毫無爭議的讚揚。

---

[5]   John Northall, *Travels through Italy* (London: 1766), pp. 117-118.

　　然而，「讚美」與「批評」都具有同等重要的真實性。回顧過去三個世紀的導覽指引，可以很明顯看出，無論教宗與他們的御用藝術家如何美化、彰顯羅馬的形象，世人都不見得會照單全收，甚至提出其不甚光彩的一面。但與其說這些意見提供了相互矛盾的說法，不如說是以各自眼光共同填補了羅馬城市形象。正反評價共同指出，羅馬的歷史韻味、宗教氛圍、現代化發展等，皆擁有無限魅力，而在光鮮亮麗的形象底下，依然有著髒亂、擁擠之處。多虧這些極具衝突的意見我們才能更加認識羅馬，及其背後蘊藏的時代精神。美好與醜陋共存，才是一座城市與人類歷史最合理、真實的面貌。

結語　世界劇場的演員

　　俗話說，羅馬並非一天之內建成；羅馬城市形象的發展同樣如此。眾多導覽指引直接或間接指出，人類在羅馬城長達數世紀的演變過程中，持續認識與解讀其內涵，進而冠上了不盡相同的形象。也因為羅馬承載極為豐富的歷史、文化元素，雖說人類不斷試著詮釋城市形象，卻也從未使之完全定型，甚至發生不同時代的存在彼此交融，塑造出此前未見的新氛圍。比如說，當教宗朱利烏斯二世（Julius II, 1443-1513）在1506年、為新聖彼得大教堂豎立第一塊基石時，心中所想的，是在基督宗教傳統上，配合嶄新大馬路，為羅馬城重新營造出帝國氣勢；西斯圖斯五世（Sixtus V, 1521-1590）大膽將古埃及的方尖碑，置於基督宗教的世界觀下，藉此宣示教宗的至高地位，從而將羅馬的現代化推向另一波高峰。

　　越是有經驗的旅人，越是能夠理解羅馬的多元複雜。《大旅遊》的作者湯瑪斯在介紹城內古蹟、教堂等知性內容時，也試著從其他角度描繪城市的豐饒繁華：

> 在羅馬，有各種主題的精美版畫或印刷品，舉凡古蹟、宮殿、教堂、花園、雕像、浮雕、噴泉、建築裝飾，以及教宗、統治者、樞機主教、著名人物的肖像，還有知名畫家作品、地理地圖、城市平面圖等應有盡有。這些版畫都可以在那沃納廣場附近找到複製品，但品質往往較為低落。在同一城市也能發現品質優良的香氛產品，有上好的佛手柑、檸檬

和帝王檸檬精油，或是複方精油，以及各種類型的香芬萃取物。羅馬的調香師有其獨門秘方，讓香味得以停留在手套、錢包與扇子上。以上就是羅馬城內值得一提的特產。這裡也可以發現各種的現代紀念章，有些藝術家讓這項產品更加精緻美麗。[1]

除了一般消費性商品，羅馬城也有豐富美食：

牛肉品質精良，但打獵而來的野牛除外，其往往只有貧窮的猶太人和下等人才會食用。犢牛肉的品質為全歐洲之最，山羊肉和豬肉同樣優良，但羊肉肉質乾澀。除了鵝類，許多馴化後的禽鳥肉也相當受歡迎；野鳥肉相當便宜，各種小型鳥類同樣為首選。他們亦有不少海水魚和淡水魚，但相較獸肉類較為少見。野豬肉或是野鹿肉也是市場常見，但前者較佳。橘子和檸檬便宜，其他水果亦是如此；蘋果和梨子除外，其秤斤論兩販賣，但品質優良。當地橄欖不大，卻鮮甜可口，往往用於榨油，在義大利用以取代奶油。麵包物美價廉，色白鬆軟，屬無酵母麵包。羅馬擁有全義大利最多種類的酒。……他們的酒類鮮甜味濃，也有些較為濃烈的酒。[2]

---

[1] Thomas, *The Grand Tour: or A Journey through the Nertherland, Germany, Italy and France*, p. 26.

[2] Thomas, *The Grand Tour: or A Journey through the Nertherland, Germany, Italy and France*, pp. 291-292.

　　充滿日常生活感的風景，也一一出現在歷代藝術家的版畫中，
其中又以瓦西的版畫為最。不斷出現的市集場景，乃至於頗有安全
疑慮的瞬間，證明了其他導覽指引對羅馬的批評其來有自，但也說
明了世人心目中的羅馬城，可不是只有那些古老建築或宏偉廣場而
已。就如同蒙田當年的羅馬之旅，花了相當時間品嘗各式料理；歌
德致力於充實古典文明的知識外，興致高昂地參與城內慶節活動。

　　如果說羅馬這座「世界劇場」總有著其獨特魅力吸引各地「觀
眾」，那麼，自然也有一群人如「演員」般地生活在這座城市裡
頭，增添劇場風采，耶穌會的契爾學就是這樣的人物。

　　契爾學生於1602年，約10歲那年在耶穌會開辦的學校就讀，數
年之後，正式成為耶穌會的一員。此後，契爾學持續求學，並在歐
洲各地的耶穌會據點服務，這對身處在「三十年戰爭」期間的天
主教徒而言不是一件容易的事情，曾差點喪命在新教軍隊的攻擊
下。1633年，契爾學原本要經由海路前往奧地利服務，卻因為天氣
因素困在義大利，趁此機會，他特地到羅馬參觀，從此留在了這座
城市。

　　得益於天主教改革，耶穌會士的足跡遍布全球各地。他們將最
新奇的資訊一一傳回羅馬，再加上城內的既有文化資源，契爾學在
那裡遇到了他窮盡一生都無法研究透徹的龐大資料。抵達羅馬後，
契爾學開始整理眼前的龐大文物、書信或各式各樣的紀錄，再加上
自己的實驗器材或後續研究，逐漸豐富了耶穌會羅馬學院的收藏
品。到了後來，甚至有個專屬於契爾學的空間用來展示相關成果，
當代人有時會以「博物館」之名稱呼之。這座博物館與同時代的其
他收藏室不太一樣，契爾學並未打算藉此單純展示自己或耶穌會的
財富權勢，他最重視的，是參訪者與館內藏品的互動過程中，「知

曉上帝創造並影響這個世界的方式，也是可以用最新的實證科學說明並重現」。也因此，在契爾學的博物館中，相當在意參訪者的主動接觸與理解。

在1678年時，契爾學的學生賽菲伯斯（Giorgio de Sepibus）完成了《著名的耶穌會羅馬學院博物館》（*Romani Collegii Societatis Jesu Museum Celebrrimum*），用來專門介紹這位奇特修士的畢生結晶。賽菲伯斯在前言處，如此定位這座別具意義的博物館：「藝術與自然的工作坊、數學真理的收藏室、哲學思辨的典範──這就是契爾學的博物館。」[3] 無怪乎，該書收錄的首張版畫，主題不是這間博物館的藏品，而是契爾學親自接見一對參訪者，啟發他們認識世界真理的畫面（圖6-1）。契爾學本人也對這間博物館極度自豪，曾向他人說過：「如果沒有來過這間博物館，可說是沒有真正來過羅馬。」[4]

在契爾學最活躍的年代，羅馬學院的博物館聲名遠播，藏品幾乎包含了當代歐洲的一切所知事物。他完美證明了，宗教信仰和實證精神確實可以同時體現在同一人身上，毫不衝突，而這也正是近代羅馬城市發展史的一項重要特徵。

因為契爾學這類演員的存在，近代羅馬城其實也以為數甚多的奇品收藏室、博物館、圖書館等場域聞名於世。伊夫林曾提到他造訪耶穌會時，正是由契爾學出面接待。當年這兩位知名學者相遇時，或許曾就自然科學、東方語言學及動植物學有過諸多分享討

---

[3] Mark A. Waddell, "A Theater of the Unseen: Athanasius Kircher's Museum in Rome," in Allison B. Kavey ed., *World-Building and the Early Modern Imagination* (London: Palgrave Macmillan, 2010), p. 71.

[4] Waddell, "A Theater of the Unseen: Athanasius Kircher's Museum in Rome", p. 67.

圖6-1　在諾大的空間內，由契爾
學親自接待兩位參訪者。
幾座方尖碑的模型位於博
物館最顯眼的位置，觀察
細節，可以看到各式各樣
關於天文、地理、動物、
植物等各領域的收藏，基
本上將契爾學的畢生研究
成果濃縮其中。

原圖出自：Giorgio de Sepibus,
*Romani Collegii
Societatis Jesu Museum
Celebrrimum* (1678).

論，當然也極有可能一同欣賞了契爾
學博物館收藏的各式器械（圖6-2、圖
6-3、圖6-4）。至於運氣沒那麼好的參
訪者，光是見到耶穌會的內藏品也足以
大開眼界，萊瑟說道：

> 接下來我抵達屬於耶穌會的羅馬
> 學院。這是棟美麗建築，且便
> 於各地學者彼此交流。在此我見
> 到了著名修士契爾學的學院和收
> 藏室。裡頭滿是關於機械、數學
> 和水力學的稀有奇物和實驗道
> 具。[5]

　　彌桑在幾十年後同樣造訪羅馬學
院，雖不可免地顯露些許破敗，仍有不
少值得一看得新奇事物：

> 此前，契爾學神父在羅馬學院的
> 收藏室為是全歐洲最奇特的地
> 方，但現在已顯得混亂零散。那
> 裡仍留有許多自然界的珍稀物

---

[5]　Lassel, *The Voyage of Italy or A Complete
Iovrney Through Italy*, part II, pp. 212-213.

品，以及一些機械物件。耶穌會士接待我們，特別介紹一個
裝著非常清澈泉水的水晶瓶，封存至今已超過百年。[6]

　　眾多導覽指引積極介紹諸如此類的文化場域，不也正無意間反
映了羅馬城一度擁有的學術地位。事實上，羅馬曾是全歐洲最先進
天文望遠鏡的生產地，也曾是「日心說」與「地心說」的爭論主場
地之一，在歐洲近代科學發展史上意外占有特殊位置。凡此種種，
讓羅馬的城市形象更顯複雜，以至於沒有任何一本導覽指引可完整
再現羅馬，即便是最有野心的作者也是如此。

　　不可否認的是，對現代人而言，羅馬早已因時代變遷，失去了
三個世紀前所具有的魅力與生命力。羅馬早已不再是眾人心之所向
的朝聖地、娛樂場所及學術重鎮，這意味著，我們永遠不可能在真
正意義上去感受近代歐洲旅人在見到羅馬時，心中的那股激動之
情，以及因失望而來的批評。

　　不過至少我們可以知道，要試著理解人類的歷史，不需要去背
誦繁多的歷史事件，或是辛苦地翻閱歷史鉅著；最好的方法，是去
認識一座城市的故事。如同古典羅馬城，見證歐洲史上唯一一個統
一地中海的帝國崛起與沒落，為後世留下無可取代的文化遺產與認
同感；中世紀羅馬城，呼應基督宗教的擴張，在與古典文明結合
後，發展出最能適應當代需求的新局面；而文藝復興羅馬城，為現
代文明的實證精神提供了最為珍貴的範本。透過羅馬城，我們得以
更加細膩地去理解人類歷史的演變，以及不同時代的人們如何在其
所屬劇場中，上演獨一無二的人生故事。

---

[6]　Misson, *A New Voyage to Italy*, vol. II, part II, pp. 172.

世界劇場的觀眾：
16-18世紀導覽指引中的羅馬城

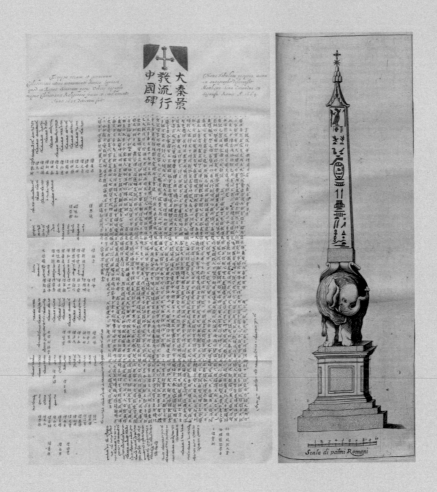

6-2 | 6-3 | 6-4

圖6-2,3　契爾學一生當中，花了相
　　　　當多的時間研究東方文
　　　　明。他一方面試著拆解中
　　　　文及聖書體的文字語法，
　　　　另一方面更試著挖掘文字
　　　　背後的哲理，並連結基督
　　　　宗教文化。例如他曾建議
　　　　教宗可將方尖碑放置在大
　　　　象雕像上，象徵「最深奧
　　　　的智慧應當由最強韌的心
　　　　智加以支撐」；這座方尖
　　　　碑後來放在密涅瓦聖母堂
　　　　（Basilica di Santa Maria
　　　　sopra Minerva）前方廣場
　　　　上。

圖6-4　　契爾學的研究領域涉及聲
　　　　學、磁力學、光學等領
　　　　域，並出版了許多相關著
　　　　作。在羅馬學院的博物館
　　　　內，這些實驗器具也是必
　　　　定參訪的收藏之一。

原圖皆出自：Sepibus, *Romani
　　　　　　Collegii Societatis
　　　　　　Jesu Museum
　　　　　　Celebrrimum.*

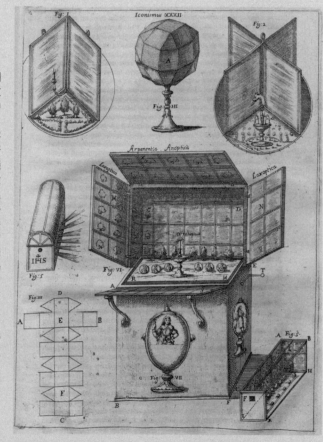

參考資料

Beckford, William. *Italy Sketches*. Paris: Cormon and Blanc, 1835.

Benelli, Francesco. "The Life and Work of Sebastiano Serlio," in *Digital Serlio Project*. From https://library.columbia.edu/libraries/avery/digitalserlio.html (2021/03/03)

Black, Jeremy. *Italy and the Grand Tour*. New Haven: Yale University Press, 2003.

Blennow, Anna, Stefano Fogelberg Rota eds. *Rome and the Guidebook Tradition: from the Middle Ages to the 20th century*. Berlin: Walter de Gruyter GmbH & Co KG, 2019.

Brunt, P. A. and J. A. Moore eds. *Res Gestae Divi Augusti: the Achievements of the Divine Augustus*. Oxford: The University Press, 1988.

Buonanno, Roberto. *Stars of Galileo Galilei and the Universal Knowledge of Athanasius Kircher*. Springer International Pu. 2016.

Caldwell, Dorigen, Lesley Caldwell eds. *Rome: Continuing Encounters between Past and Present*. London: Routledge, 2016.

Calvo, Marco Fabio. *Antiquae Vrbis Romae cum Regionibus Simulachrum*. 1532.

Carpo, Mario. *Architecture in the Age of Printing: Orality, Writing, Typography, and Printed Images in the History of Architectural Theory*. Cambridge: MIT Press, 2001.

de Cavalieri, Giovanni Battista. *Vrbis Romæ Aedificiorum Illustrium*. 1585.

de Sepibus, Giorgio. *Romani Collegii Societatis Jesu Museum Celebrrimum*. 1678.

Evelyn, John, Richard Garnett ed. *The Diary of John Evelyn, Vol. 1*. New York: M. Walter Dunne, 1901.

Gamucci, Bernardo *Libri Quattro dell'Antichita della Citta di Roma*. Venetia: 1565.

Fontana, Carlo. *L'Anfiteatro Flavio*. Haia: 1725.

―――――. *Il Tempio Vaticano e Sua Origine*. Roma: 1694.

Gibbon, Edward, Prothero, Rowland E. ed. *Private Letters of Edward Gibbon*. London: John Murray, 1896.

―――――, Henry Morley ed. *Memoirs of Edward Gibbon*. London: George Routledge and Sons, 1891.

Goethe, Johann Wolfgang von. *Goethe's Travels in Italy*. London: George Bell and Sons, 1885.

Hager, Hellmut. "Carlo Fontana: Pupil, Partner, Principal, Preceptor," in *Studies in the History of Art, Vol. 38* (1993): pp. 122-155.

Hager, Hellmut. "Carlo Fontana's Project For a Church in 'Honour of the Ecclesia Triumphans' in the Colosseum," in *Journal of the Warburg and Courtauld Institutes*, Vol. 36 (1973): pp. 319-337.

Hamilton, Louis I., Stefano Riccioni, eds. *Rome Re-imagined: Twelfth-Century Jews, Christians and Muslims Encounter the Eternal City*. Leiden: Brill, 2011.

Hart, Vaughan and Peter Hicks. *Palladio's Rome*. New Haven: Yale University Press, 2006.

_____. *Palladio's Rome*. From: https://www.researchgate.net/publication/37965414_Palladio's_Rome (2021/03/03)

Kavey, Allison B. ed. *World-Building and the Early Modern Imagination*. London: Palgrave Macmillan, 2010.

Labacco, Antonio. *Libro d'Antonio Labacco Appartenente a L'Architettvra nel qval si Figvrano alcvne Notabili Antiqvita di Roma*. 1559.

Larsen, Dean A. ed. *Athanasiu Kircher (1602-1680) Jesuit Scholar: An Exhibition of His Work in the Harold B. Lee Library Collections at Brigham Young University*. Provo: Friends of the Brigham Young University Library, 1989.

Lanciani, Rodolfo. *Ancient and Modern Rome*. Boston: Marshall Jones Company, 1925.

_____. *The Destruction of Ancient Rome*. New York: The Macmillan Company, 1899.

Lassel, Richard. *The Voyage of Italy or A Complete Iovrney Through Italy*. Paris: 1670.

Magoun, Francis Peabody. "The Rome of Two Northern Pilgrim," in *The Harvard Theological Review*, Vol. 33, No. 4 (1940): pp. 267-289.

Marder, Tod A., Mark Wilson Jones. *The Pantheon: form Antiquity to the Present*. Cambridge: Cambridge university press, 2015.

Marliano, Bartolomeo. *Vrbis Romae Topographia*. 1544.

Marmor, Max. "Back to the Drawing Board: the Architectual Manual of Sebastiano Serlio (1475-1554)," in *The Yale University Library Gazette 70*, Vol. 3/4 (1996): pp. 115-125.

Montaigne, Michel de, and W. G. Waters ed. *The Journal of Montaigne's Travels in Italy by Way of Switzerland and Germany in 1580 and 1581*. London: J. Murray, 1903.

Nagelsmit, Eelco. "Visualizing Vitruvius: Stylistic pluralism in Serlio's Sixth Book on Architecture?" in Joost Keizer and Todd Richardson eds. *The Transformation of Vernacular Expression in Early Modern Arts and Scholarship (Intersections 19)*. Leiden: Brill, 2012, pp. 339-372.

Nicholas, Francis Morgan trans. *Mirabilia Urbis Romae (The Marvels of Rome: or a Picture of the Golden City*. London: Ellis and Elvey, 1889.

Misson, Maximilian. *A New Voyage to Italy, vol. I*. London: 1739.

_____. *A New Voyage to Italy, vol. II*. London: 1739.

Northall, John. *Travels through Italy*. London: 1766.

Ortenberg, Veronica. "Archibishop Sigeric's journey to Rome in 990," in *Anglo-Saxon England, Vol. 19* (1990): pp. 197-246.

Samber, Robert. *Roma Illustrate*. London: 1722.

Sanzio, Raphael. *Letter to Leo X*, p. 2. From: https://reurl.cc/zbeog7 (2021/03/03)

Serlio, Sebastiano. *Tutte L'Opere D'Architettura et Prospetiva, Terzo Libro*. Venetia: 1544.

Smollett, Tobias. *Travels through France and Italy*. London: Oxford University Press, 1907.

Speculum Romanae Magnificentiae, 16-17th century.

Thomas, Nugent. *The Grand Tour: or A Journey through the Nertheland, Germany, Italy and France, vol. III*. London: 1778.

Vasi, Giuseppe. *Itinerario Isturttivo*. Roma: 1763.

_____. *Delle Magnificenze di Roma Antica e Moderna, Libro Prima*. Roma: 1747.

_____. *Delle Magnificenze di Roma Antica e Moderna, Libro Secondo*. Roma: 1752.

_____. *Delle Magnificenze di Roma Antica e Moderna, Libro Terzo*. Roma: 1753.

_____. *Delle Magnificenze di Roma Antica e Moderna, Libro Quarto*. Roma: 1754.

_____. *Delle Magnificenze di Roma Antica e Moderna, Libro Quinto*. Roma: 1754.

_____. *Delle Magnificenze di Roma Antica e Moderna, Libro Sesto*. Roma: 1756.

_____. *Delle Magnificenze di Roma Antica e Moderna, Libro Settimo*. Roma: 1756.

_____. *Delle Magnificenze di Roma Antica e Moderna, Libro Ottavo*. Roma: 1758.

_____. *Delle Magnificenze di Roma Antica e Moderna, Libro Nono*. Roma: 1759.

_____. *Delle Magnificenze di Roma Antica e Moderna, Libro Decimo*. Roma: 1761.

_____. *Prospetto dell'Alma Cittá di Roma*. 1765.

Waddell, Mark A. "A Theater of the Unseen: Athanasius Kircher's Museum in Rome," in Allison B. Kavey ed., *World-Building and the Early Modern Imagination*. London: Palgrave Macmillan, 2010, pp. 67-90.

Walker, Juliann Rose. *Carlo Fontana and the Origins of the Architectural Monograph*. University of California, 2016. (Thesis for Master of Arts of Art History)

Zorach, Rebecca. *The Virtual Tourist in Renaissance Rome: Printing and Collecting the Speculum Romanae Magnificentiae*. Chicago: The University of Chicago Library, 2008.

圖片來源

Internet Archive

1-1、1-2、1-3、1-4、1-5、3-12、3-13、3-14、3-15、3-16、3-17、3-18、3-19、3-20、3-21、3-22、4-1、4-2、4-3、4-4、4-4、4-5、4-6、4-7、4-8、4-9、4-10、4-11、4-12、4-13、4-14、4-15、4-16、4-17、4-18、4-19、4-20、4-21、4-22、4-23、4-24、4-25、4-26、4-27、6-1、6-2、6-3、6-4、6-5

Rijkmuseum

1-6、1-7、1-8

Universitätsbibliothek Heidelberg

3-1、3-2、3-3、3-4、3-5、3-6、3-7、3-8、3-9、3-10、3-11、3-23、3-24、3-25、3-26、3-27、3-28、3-29、3-30、3-31、3-32、3-33、3-34、3-35、3-36、3-37、3-38、3-39、3-40、3-41、3-42

The Metropolitan Museum of Art

4-28、4-29、4-30、4-31、4-32、4-33、4-34、4-35、4-36、4-37、4-38、4-39、4-40、4-41、4-42、4-43、4-45、4-46、4-47、4-48、4-49、4-50、4-51、4-52

名詞翻譯對照

人名

修道院長尼可拉斯
（Abbot Nikolás of Munkathverá, dies
1159）

契爾學
（Athanasius Kircher, 1602-1680）

帕拉迪歐
（Andrea Palladio, 1508-1580）

多尼
（Antonio Francesco Doni, 1513-1574）

拉伯柯
（Antonio Labacco, c.1495-1570）

拉斐里
（Antonio Lafreri, 1512-1577）

薩加洛
（Antonio Sangallo,1484-1546）

坎特伯里大主教西格里
（Archbishop Sigeric of Canterbury, died
994）

奧斯曼
（Baron Georges-Eugène Haussmann,
1809-1891）

馬里安諾
（Bartolomeo Marliano, 1488-1526）

伽姆齊
（Bernardo Gamucci）

卡洛·豐塔納
（Carlo Fontana, 1638-1714）

君士坦丁
（Constantine the Great, 272-337）

多門尼科·豐塔納
（Domenico Fontana, 1543-1607）

布拉曼帖
（Donato Bramante, 1444-1514）

吉朋
（Edward Gibbon, 1737-1794）

杜佩拉克
（Étienne Dupérac, c. 1525-1604）

費拉瑞塔
（Filarete, c. 1400-c. 1469）

阿博提尼
（Francesco Albertini, c. 1469-1510）

蓋烏斯・佛拉米尼烏斯
（Gaius Flaminius, 265 BC-217 BC）

屋大維
（Gaius Octavius, 63 BC-14 AD）

蘇埃托尼烏斯
（Gaius Suetonius Tranquillus, c. 69-after
122 AD）

貝尼尼
（Gian Lorenzo Bernini, 1598-1680）

維尼奧拉
（Giacomo Barozzi da Vignola, 1507-
1573）

賽菲伯斯
（Giorgio de Sepibus）

多西
（Giovanni Antonio Dosi, 1533-1611）

巴蒂斯塔
（Giovanni Battista de
Cavalieri,1526-1597）

庇拉內西
（Giovanni Battista Piranesi, 1720-1778）

瓦西
（Giuseppe Vasi, 1710-1782）

拉斐爾
（Raffaello Sanzio da Urbino, 1483-1520）

賈柯莫・德拉・波爾塔
（Jacomo Della Porta, 1532-1602）

凱撒
（Julius Caesar, 100 BC-44 BC）

朱利烏斯二世
（Julius II, 1443-1513）

歌德
（Johann Wolfgang von Goethe, 1749-
1832）

伊夫林
（John Evelyn, 1620-1706）

諾索爾
（John Northall, 1723-1759）

李奧十世
（Leo X, 1475-1521）

阿爾貝蒂
（Leon Battista Alberti, 1404-1472）

卡沃
（Marco Fabio Calvo, c. 1440-1527）

安東尼
（Marcus Antonius, 83BC-30BC）

維特魯威
（Marcus Vitruvius Pollio, 80-70BC-15
BC）

阿古立巴
（Marcus Vipsanius Agrippa, 64/62 BC-
12BC）

彌桑
（Maximilian Misson, 1660-1722）

世界劇場的觀眾：
16-18世紀導覽指引中的羅馬城

蒙田
（ Michel de Montaigne, 1533-1592 ）

米開朗基羅
（ Michelangelo di Lodovico Buonarroti
Simoni, 1475-1564 ）

拿破崙三世
（ Napoléon III, 1808-1873 ）

畢艾特列特
（ Nicolas Beatriet ）

湯瑪斯
（ Nugent Thomas, 1700-1772 ）

德洛姆
（ Philibert de l'Orme, 1514-1570 ）

雷姆斯
（ Remus ）

萊瑟
（ Richard Lassel, 1603-1668 ）

桑柏爾
（ Robert Samber, 1682-c. 1745 ）

羅慕勒斯
（ Romulus ）

沙勿略
（ San Francisco Xavier, 1506-1552 ）

塞利奧
（ Sebastiano Serlio, 1475-1554 ）

西斯圖斯五世
（ Sixtus V, 1521-1590 ）

斯特拉波
（ Strabo, 64/63 BC-c. 24 AD ）

貝克佛德
（ William Beckford, 1760-1844 ）

宗教建物

聖彼得大教堂
（Basilica del San Pietro）

耶路撒冷聖十字聖殿
（Basilica di Santa Croce in
Gerusalemme）

拉特蘭大殿
（Basilica di San Giovanni in Laterano）

牆外聖羅倫佐聖殿
（Basilica di San Lorenzo fuori le mura）

聖母與殉道者教堂
（Basilica di Santa Maria ad Martyres）

天壇聖母堂
（Basilica di Santa Maria in Ara coeli al
Campidoglio）

聖母大殿
（Basilica di Santa Maria Maggiore）

密涅瓦聖母堂
（Basilica di Santa Maria sopra Minerva）

城外聖賽巴斯汀聖殿
（Basilica di San Sebastiano fuori le mura）

破船噴泉
（Fontana della Barcaccia）

特雷威噴泉
（Fontana di Trevi）

西斯汀禮拜堂
（Cappella Sistina）

聖母與殉道者教堂
（Santa Maria degli Angeli e dei Martiri）

聖階堂
（Santa Scala）

世界劇場的觀眾：
16-18世紀導覽指引中的羅馬城

宮殿

宗座宮殿
（Palazzo Apostolico）

美景庭
（Cortile del Belvedere）

法爾內賽宮
（Palazzo Farnese）

納沃那廣場
（Piazza Navona）

奎里納爾宮
（Palazzo del Quirinale）

威尼斯宮
（Palazzo Venezia）

羅馬學院
（Collegio Romano）

廣場

卡彼托林廣場
（Piazza Campidoglio）

波波洛廣場
（Piazza del Popolo）

西班牙廣場
（Piazza di Spagna）

威尼斯廣場
（Piazza Venezia）

道路及橋梁

莫雷橋
（Ponte Molle）

聖天使橋
（Ponte Sant'Angello）

西斯托橋
（Ponte Sisto）

露加拉路
（Via della Lungara）

費拉米尼亞路
（Via Flaminia）

李奧尼納路
（Via Leonina）

庇亞路
（Via Pia）

特列寧塔路
（Via Trinità）

城門

安潔利卡門
（Porta Angelica）

庇亞門
（Porta Pia）

波波洛門
（Porta del Popolo）

法布列卡門
（Porta Fabrica）

馬喬雷門
（Porta Maggiore）

聖保羅門
（Porta San Paolo）

聖賽巴斯汀門
（Porta S. Sebastiano）

聖羅倫佐門
（Porta S. Lorenzo）

世界劇場的觀眾：
16-18世紀導覽指引中的羅馬城

古蹟

君士坦丁凱旋門
（Arco di Constantine）

塞維魯凱旋門
（Arco di Settimo）

君士坦丁集會所
（Basilica Constantine）

聖天使堡
（Castello Sant'Angello）

大賽馬場
（Circo Massimo）

圖拉真圓柱
（Colonna Traiana）

奧古斯都陵墓
（Mausoleo di Augusto）

萬神殿
（Pantheon）

賽斯提烏斯金字塔
（Piramide di Caio Cestio）

和平神殿
（Temple Pacis）

卡拉卡拉大浴場
（Terme di Antonio Caracalla）

著作

《古羅馬城及部分區域的圖像》
（Antiquae Vrbis Romae cum Regionibus Simulachrum）

《建築十書》
（De Architectura）

《古今羅馬城的奇景事物》
（Delle Magnificenze di Roma Antica e Moderna）

《羅馬教堂》
（Descritione de le Chiese）

《關於羅馬城的描繪》
（Descriptio Urbis Romae）

《恩席艾德手稿》
（Einsiedeln Manuscript）

《地理》
（Geographica）

《建築四書》
（I Quatto Libri dell'Architettura）

《梵蒂岡殿堂及其起源》
（Il Tempio Vaticano e Sua Origine）

《導覽指引》
（Itinerario Isturttivo）

《弗拉維大劇場》
（L'Anfiteatro Flavio）

《羅馬古蹟》
（L'Antichità di Roma）

《高貴羅馬城的驚奇光輝事物》
（ Le cose maravigliose dell'alma città di Roma ）

《羅馬城內古建築》
（ Libri Quattro dell'Antichita della Citta di Roma ）

《由安東尼奧・拉伯柯出版，關於羅馬城內幾個知名古蹟的外觀》
（ Libro D Antonio Labacco Appartenente A Architettura Nel Qual Si Figvrano Alcvne Notabiri Antiqvita Di Roma ）

《羅馬景物》
（ Roma Illustra: or A Description of the most Beautiful of Painting, Sculpture, Antique and Modern at and near Rome ）

《著名的耶穌會羅馬學院博物館》
（ Romani Collegii Societatis Jesu Museum Celebrrimum ）

《羅馬奇景的光輝》
（ Speculum Romanae Magnificentiae ）

《大旅遊：途經尼德蘭、日耳曼、義大利及法蘭西的旅途》
（ The Grand Tour: or A Journey through the Nertheland, Germany, Italy and France ）

《羅馬帝國衰亡史》
（ The History of the Decline and Fall of the Roman Empire ）

《義大利之旅》
（ The Voyage of Italy or A Complete Iovrney Through Italy ）

《羅馬奇景》
（ Mirabilia Urbis Romae ）

《新義大利之旅》
（ Nouveau Voyage d'Italie ）

《古今羅馬奇景的討論》
（ Opusculum de Miribilibus Novae et Veteris Urbis Romae ）

《羅馬城景》
（ Prospetto dell'Alma Cittá di Roma ）

《神君奧古斯都功績錄》
（ Res Gestae Divi Augusti ）

《遊歷義大利》
（ Travels through Italy ）

《關於建築作品及其透視圖》
（ Tutte L'Opere D'Architettura et Prospetiva, Terzo Libro ）

《羅馬城內存留至今主要古蹟建物》
（ Urbis Romae Aedificiorum Illustrium Quae Supersunt Reliquiae Summa ）

《羅馬城市地貌》
（ Vrbis Romae Topographia ）

PC1039　讀歷史146

世界劇場的觀眾：
16-18世紀導覽指引中的羅馬城

作　　者 / 王健安
責任編輯 / 楊岱晴、尹懷君
圖文排版 / 楊家齊
封面設計 / 王嵩賀

發 行 人 / 宋政坤
法律顧問 / 毛國樑　律師
出版發行 / 秀威資訊科技股份有限公司
　　　　　114台北市內湖區瑞光路76巷65號1樓
　　　　　電話：+886-2-2796-3638　傳真：+886-2-2796-1377
　　　　　http://www.showwe.com.tw
劃撥帳號 / 19563868　戶名：秀威資訊科技股份有限公司
　　　　　讀者服務信箱：service@showwe.com.tw
展售門市 / 國家書店（松江門市）
　　　　　104台北市中山區松江路209號1樓
　　　　　電話：+886-2-2518-0207　傳真：+886-2-2518-0778
網路訂購 / 秀威網路書店：https://store.showwe.tw
　　　　　國家網路書店：https://www.govbooks.com.tw

2023年3月　BOD一版
定價：420元
版權所有　翻印必究
本書如有缺頁、破損或裝訂錯誤，請寄回更換

讀者回函卡

國家圖書館出版品預行編目

世界劇場的觀眾：16-18世紀導覽指引中的羅
馬城/王健安作. -- 一版. -- 臺北市：秀威資訊
科技股份有限公司, 2023.03
　　面；　公分
BOD版
ISBN 978-626-7088-59-3(平裝)

1.西洋史 2.義大利羅馬

740.24　　　　　　　　　　　111004420